반려견과 함께하는
# Family English

**일러두기**
예문 끝의 ⓟ는 견주와 강아지 사이에 이루어지는 가상의 대화에서 강아지가 한 말을 구분하기 위해 표시한 것입니다.

반려견과
함께하는

# Family English

곽영일 지음

## 국제 공용어인 영어

영어를 모국어로 쓰는 나라들의 전체 인구는 약 5억 명입니다. 미국, 영국, 호주, 캐나다, 뉴질랜드 등이 이에 해당됩니다. 그리고 영어를 공용어로 사용하는 인구는 약 25억 명에 달합니다. 인도, 인도네시아, 남아프리카 공화국, 말레이시아, 싱가포르 등 영연방 56개국이 여기에 포함됩니다.

영어는 이제 링구아 프랑카(lingua franca)입니다. 상호 소통이 불가능한 나라 사이에서 서로 소통할 때 사용하는 '국제 공용어'가 되었습니다. 요즘 TV를 보면 비영어권 출신 사람들이 출연해 유창한 영어로 서로 소통하는 장면이 눈에 띄게 늘었습니다. 손흥민 선수가 소속된 토트넘 홋스퍼 FC의 감독 안토니오 콘테는 이탈리아인이고, 대한민국 국가대표 축구팀 감독 파울루 벤투는 포르투갈인입니다. 이들은 모두 작전 지시를 영어로 합니다.

저는 지난 수십 년간 일선 교육현장에서 일하면서 영어 교육의 변천사를 생생하게 경험했습니다. 한국에서 자연스럽게 영어회화를 공부할 수 있는 시기는 영유아 때부터 시작해 초등학교 6학년 때까지에 불과합니다. 중학교부터는 수능 영어 체제로 돌입합니다. 대학생들은 취업을 목적으로 한 공인영어인증시험(토익, 토플 등)에 몰두합니다. 반면에 어린이 영어는 수험 영어가 아닌 '패밀리 잉글리시(family English)'입니다. 그래서 교재 선택과 학습 방법은 전적으로 부모에 좌우됩니다.

## 획기적인 학습서:
## 『반려견과 함께 하는 Family English』

저는 우연히 『반려견과 함께하는 Family English』에 대한 소식을 접하고 신선한 충격을 받았습니다. 그리고 저자가 1980~1990년대에 TV와 라디오 방송으로 사람들에게 익숙해진 곽영일 박사여서 또 한 번 놀랐습니다.

직능단체연합회 총재/
고려교육그룹 회장
문상주

통계에 따르면 반려견의 숫자는 1000만 명이 넘었습니다. 한 가정을 2~3인으로 볼 때 대략 평균 2500여만 명이 반려견과 함께 생활하고 있습니다. 이는 한국 인구의 거의 절반에 해당됩니다.

그리고 저는 이미 20여 년 전부터 고려직업전문학교의 반려견 관련 프로그램(미용, 훈련, 사료 등)을 통해 수많은 전문가를 배출했습니다. 그뿐만 아니라 향후 반려견 사관학교와 반려견 유치원 등 종합적인 플랫폼 설립을 구상하고 있습니다. 반가운 마음에 곽 박사님을 직접 만나서 '반려견과 영어 교육'에 대한 저자의 생각과 집필 동기를 상세히 듣게 되었습니다.

또한 그의 집필에 동기를 부여한 반려견 벤(3세, 미니쉽독, 10킬로그램)이 견주와 영어로 소통하는 것을 목도하고 무척 신기하게 느꼈습니다. 확신컨대, 이 책은 세계 최초의 '반려견과 소통하는 영어 책'이 될 것입니다.

사랑하는 여러분의 반려견과 산책길에 꼭 소지하시기 바랍니다. QR코드와 함께 저자의 상세한 해설도 곁들였다고 합니다. 국민 영어강사 곽영일 박사의 명쾌한 강의를 들으며 반려견과 즐거운 시간을 보내시기 바랍니다.

제가 좋아하는 영어 격언은 "It is dogged that does it"인데, '지성이면 감천이다'란 뜻입니다. 여기서 dogged는 '끈질긴', '집요한'이란 뜻입니다.

dog라는 단어가 들어가서 더욱 친근합니다. 반려견과 함께 행복한 나날을 보내시고 국민 영어강사와 실용영어도 마스터하시기 바랍니다.

2022년 11월
직능단체연합회 총재/고려교육그룹 회장 문상주

## 영어 학습의 종류

영어 학습은 크게 수험 영어와 실용 영어로 구분된다. 수험 영어는 시험을 위한 영어를 말하는데, 수능 영어, 토익, 토플 등은 상급학교 진학이나 취업을 목표로 한다. 실용 영어는 '원어민과 영어로 소통하고 싶다', 해외여행을 하며 '번역기의 도움 없이 자유롭게 소통하고 싶다' 같은 순수한 동기에서 출발한다. 그런 의미에서 이 책은 실용 영어 교재이다.

## 이 책의 집필 계기

나는 반려견을 키우는 동안 주위의 많은 견주들과 교류를 하면서 특이한 사항을 발견했다. 견주들 중 특히 여성과 어린이들이 반려견과 끊임없이 대화를 한다는 사실이었다. 예를 들어 "밍키야, 밥 먹었니?", "허니야, 배고팠구나", "구름아, 엄마 금방 갈게" 등 무엇인가 계속 말을 하고 있었던 것이다. 이것은 마치 엄마와 자녀가 나누는 대화를 연상케 했다.

## Wildest Dream: 엉뚱한 상상

최근 몇 년 사이 중장년층 남녀로부터 매우 진지하게 "영어 회화를 제대로 해보고 싶다"라는 호소와 함께 구체적인 방법에 대한 문의를 많이 받았다. 그래서 나는 자연스러운 영어 회화를 배울 수 있는 노하우를 찾아보았다.

그러다가 떠올린 것이 바로 반려견과의 실용 영어 회화였다. 1000만 반려견 가족의 시대에, '만약 (비록 일방적이지만) 반려견과의 대화를 영어로 할 수 있다면 어떨까?' 하는 것이었다. 매일 반복되는 말들, "보리야, 천천히 가야지", "좀 진정해" 같은 말들을 영어로 떠올리는 것만으로도 실용 영어 학습에 큰 도움이 될 것이라는 생각이 들었다.

## 구어체와 공손한 말하기

구어(colloquialism)는 문어와 달리 실생활에서 자주 쓰이는 말이다. 예를 들어 "자, 이제 공원에 다 왔다"라는 말을 영작할 때 대부분은 "Well, we have arrived at the park"라고 쓴다. 틀린 것은 아니지만 이는 딱딱한 느낌이 드는 문어체 문장이다. 이때 "Well, Here we are at the park"라고 하면 구어체 영어(실용 영어)가 된다. 그리고 목적지에 다다르면 "This is it"이라고 간단히 쓰기도 한다. 또, "서두르지 마"는 영어로 "Don't hurry"이지만 "Hold your horses"가 더욱 실용 영어에 가깝다.

　덧붙여서, 많은 견주들이 종종 반려견들에게 존대어(function)을 쓰기도 한다. 예를 들어 반려견이 사료를 다 먹었을 때 보통은 "배부르니?"라고 하지만 "많이 드셨어요?"라고도 하는데, 이 표현들은 각각 "Are you full?"과 "Have you had enough?"로 구분된다(이는 본문에서 상세한 차이를 설명해 두었다).

## 저자의 소망

이 교재가 당장 영어 회화 실력을 일취월장시켜 주지는 않을 것이다. 다만 반려견과 매일매일 즐거운 시간을 보내며 이 교재에 나오는 표현들을 이해하고 직접 반려견에게 사용하다 보면 실용 영어의 생활화가 이루어지리라 믿는다.

　또 한 가지, 반려견과의 대화는 자녀들과의 사이에서 발생하는 상황과 매우 유사해서, 부모와 자녀가 가정에서 주고받는 이야기와 일치한다.

　사랑하는 강아지들과의 산책 시간에 이 책도 여러분의 동반자가 되어 온 가족의 실용 영어 실력이 향상되는 데 일조하기를 소망해 본다.

　이 책의 출간에 도움 주신 분들과 미래의 독자 여러분께 진심으로 감사드립니다.

　I am looking forward to seeing you soon! Thank you so much for your kindness indeed.

2022년 11월, 일산의 연구실에서

곽영일

## 첫째, 반려견과의 가상 대화를 다루었다

이 책은 내가 벤(Ben)이라는 반려견을 키우며 서로 (실제는 일방적으로) 나눴던 대화를 모은 것이다. 나는 처음부터 벤에게 영어와 우리말을 함께 사용했다. 그리고 늘 벤의 입장에서 하고 싶은 말을 (비록 언어로 표현되진 않지만) 상상하며 표현을 기록해 두었다.

반려견은 한 살이 되어 성견이 되었을 때 어린아이 3~4세 정도의 지능을 갖는다고 한다. 가령 열다섯 살에 세상을 떠나면 세 살짜리 아기가 12년을 곁에 있다가 하늘나라로 가는 것이다.

## 둘째, 모든 상황은 두 가지 형태로 풀었다

이 책에서는 똑같은 상황을 직접화행(direct speech act)과 간접화행(indirect speech act) 두 가지로 구분했다.

- 아침에 잠자리에서 일어날 때
  **Wake up!** 어서 일어나라!(직접화행)
  **Rise and shine!** 아침 해가 밝았구나!(간접화행)

- 서두르지 말라고 할 때
  **Don't hurry.** 서두르지 마(직접화행).
  **Hold your horses.** 자제 좀 해(간접화행).

• 잠자리에 들 때

**Time to sleep.** 잘 시간이야(직접화행).

**Time to hit the pillow.** 취침 시간입니다(간접화행).


이상에서 보듯이 간접화행(돌려 말하기)은 약간 생소할 수 있다. 간접화행은 전문 용어로 상용어(colloquial)라고 하는데, 눈에 보이는 단어의 뜻과 다른 해석을 요하는 표현들이다.

영어 회화는 상용어를 얼마나 능숙하게 사용하느냐에 따라 실력 차이가 생긴다. "손흥민 선수는 막을 수가 없어"와 "손흥민은 난공불락이야"라는 문장을 예로 들어보자. 전자는 누구든 쉽게 이해할 수 있는 표현이지만 후자는 외국인들이 이해하기 힘든 한국식 상용어다.

원어민의 대화 중 많은 표현들이 상용어로 구성되어 있다. 이쯤 되면 여러분은 영어 회화가 왜 '난공불락'이었나를 이해할 수 있을 것이다. 결국은 상용어가 영어 회화 배우기의 가장 큰 문제인 것이다.

『반려견과 함께하는 Family English』는 어린이를 위한 영어이자 가족들을 위한 영어이기도 하다. 따라서 이 책은 반드시 반려견이 있는 가족에게만 필요한 것은 아니다. '부모와 자녀가 함께 공부하는 family English'다. 여기서는 단지 반려견이 자녀의 역할을 대행할 뿐이다.


### 셋째, 어린이 영어는 언제, 어떻게 시작할까?

나는 지난 35년간 방송과 현장(학원, 기업, 대학)에서 영어 교육을 하며 학부모들로부터 "우리 아이 영어 공부는 언제 어떻게 해야 할까요?"라는 질문을 수없이 받았다.

- **유아 시절(만 3~6세)**: 한글을 배우기 시작할 무렵 약간의 시차를 두고 영어 파닉스(쓰기와 읽기 중심 교육)를 시킨다. 이 시기에는 우선 영어를 눈으로 익히고 스펠링과 친근해지는 데 초점을 맞춘다. 과도하게 영어 동화책을 읽어주거나 영어 유치원을 통해 원어민과의 접촉을 유도하는 것은 바람직하지 않다.
- **유년 시절(초등학교 1~3학년)**: 유아 시절 시작했던 영어 학습지 공부를 계속한다. 테이프를 통해 소리를 들려주는 것도 유익하다. 또, 체계적인 교육 과정을 거치는 것이 좋다.
- **초등 시절(초등학교 4~6학년)**: 독해는 계속 학습지 진도를 쫓아간다. 회화는 원어민 교사와 한국인 교사가 교차로 강의하는 학원을 선택해서 시작한다. 영어를 한국말 실력 이상으로 구사할 순 없다. 따라서 한국어 책 읽기가 매우 중요하다. 머릿속에 저장된 한국어 어휘에 해당하는 영어 표현을 찾는 과정이 영어 공부의 정석이다.

평생 동안의 영어 실력은 초등학교 4학년 전후에 판가름 난다. 4학년은 3학년까지 익힌 쓰기와 읽기에 대한 기초를 바탕으로 해서 본격적으로 듣기와 말하기 실력을 키우는 시기이다. 6학년만 되어도 학원에선 중학교 과정의 선행 학습에 들어간다. 중학생이 되면 일제히 6년 뒤에 닥칠 수능시험 준비에 돌입한다. 회화 공부를 할 시간이 없어지는 것이다. 따라서 4~6학년의 3년간이 필수 학습 연령이다.

**맺으며**

반려견과 산책 시에 반드시 이 책을 지참하시라. 그리고 중간중간 쉬는 시간에 펼쳐보며 자녀와 함께 부모가 역할 놀이를 하시라.

한 가지 표현을 정확히 익히는 데는 약 40회 큰소리로 발음하는 수고가 필요하다. 더욱더 효과적인 것은 틈틈이 같은 횟수(40회)를 쓰면서 발음 하는 것이다. 40번 쓰고 40번 읽기는 교육심리학에서 권위 있는 논문을 통해 입증되었다.

저자는 이 책이 출간되면 전국의 애견카페와 주요 도시의 대형 서점을 순회하며 특강을 실시할 예정이다.

# 목차

#1의 설명을 들어보세요!

# #1

# 아침에 눈 떴을 때

# Rise and shine.

## 해가 떴어요. / 일어나세요.

**Come on Ben.** Rise and shine.

베, 어서. 일어나야지.

**Hi, Ben.** Rise and shine, **time is set up.**

안녕, 벤. 잠 깼으면 어서 일어나야지.

Rise and shine, **sleepy head. We get a busy morning.**

잠꾸러기야, 일어나. 오늘은 바빠.

**Come on children!** Rise and shine. **Jump into your clothes!**

애들아! 기상. 빨리 옷 입어!

> Rise and shine (아직 자고 있는 사람에게) 정신 차리고 일어나, 해가 중천에 떠어
>
> sleepy head  잠꾸러기

 **Rise and shine의 유래**

이 표현에는 두 가지 유래가 전해지고 있어요. 하나는 성경에서 유래했다는 설인데, "일어나서 빛을 발하라"(이사야 60장 1절)입니다. '잠자리에서 일어나 사명을 다하기 위해 일을 시작하다'라는 뜻이 있어요. 두 번째는 다소 재미있는 유래인데, 군대에서 '벌떡 일어나서 군화를 반짝거리게 닦다'라는 뜻이 있어요. 두 가지 모두 잠이 덜 깬 사람에게 "정신 차리고 일어나"라는 뜻으로 쓰입니다.

이 표현은 여러분의 반려견에게 아침에 인사할 때 아주 적합하답니다. 특히 해외 여행 시 외국 항공사의 승무원들이 자주 써요.

# I've got ten more minutes to snooze.

## 10분만 더 자고 일어날게.

I've got ten more minutes to snooze.

10분만 더 자고 일어날게.

## Babies snooze for all day.

아기들은 하루 종일 잠만 자.

## I often have a snooze after lunch.

난 점심 먹고 종종 깜박 졸아요.

snooze  잠깐 잠들다, (특히 침대 아닌 곳에서) 눈 붙이다
snooze button  스누즈 버튼(잠에서 깬 뒤 더 자려고 누르는 타이머)

"I've got ten more minutes to snooze"는 강아지가 산책을 나가자고 조를 때 주인이 쓸 수 있는 말입니다. 여기서 snooze는 '침대가 아닌 곳에서 살짝 눈을 붙이는 것'을 뜻해요.

**더 보기** **snooze가 들어간 문장을 더 알아볼까요?**

- take a snooze(=take a nap) 낮잠 자다.
- You snooze, you lose. You should have prepared in advance.
  방심하다가 큰 코 다쳐. 사전에 준비했어야지.
- Ben is now having a snooze. 벤이 한숨 자고 있네요.

# How was your sleep last night?
## 간밤에 잘 잤니?

① **A: How was your sleep last night?**

　간밤에 잘 잤니?

　**B: I have a good sleep.**

　잘 잤어요.

② **A: Did you sleep well?**

　잘 잤니?

　**B: I slept like a log.**

　세상모르고 쿨쿨 잤지요.


How was your~?는 매우 간단하게 쓰여요. 예를 들어 "How was your school?"이라고 하면 "오늘 학교는 재미있었니?"가 되고, "How was your trip?"이라고 하면 "즐거운 여행이었나요?"가 되어요.

**더 보기** **잠과 관련된 질문을 더 알아볼까요?**

> • Did you go to sleep late?  늦게 잤니?
> • What time did you go to bed last night?  어제 몇 시에 잤어?

## 🐾 Sleep like a log(곤히 잠들다)

Once Honey falls asleep, she sleeps like a log. 허니는 잘 때 업어 가도 몰라요.

log는 '통나무'라는 의미입니다. 통나무는 이리 굴리고 저리 굴려도 똑같은 모양이지요. 우리말로 "누가 업어 가도 모를 정도로 곤하게 잤어요"라고 하고 싶으면 "I slept like a log"라고 써요.

# Would you like to go out?
## 산책 나가볼까요?

## Would you like to go out?

산책 나가볼까요? ——————————————— '~할까요?'는 Would you like to~?를 씁니다.

### Would you like to stroll in the park?

공원에 산책 갈까?

### Let's go for a gentle stroll.

가볍게 산책 갑시다.

stroll  산책하다

**더 보기** **산책과 관련된 다른 표현에는 무엇이 있을까요?**

- Let's take a walk. 산책합시다.
  ↳ Let's~는 친한 사이에 씁니다.
- Are you ready? 준비됐니?
- Are you all set? 준비 다 됐어?
- Let's go, I'm in a hurry. 가자, 시간이 없어.
- Let's go, we don't have all day. 어서 가자, 지체할 시간이 없다구.
  ↳ "We don't have all day"는 직역하면 "하루 종일을 갖고 있지 않다"이지만, 실용 영어에서는 "시간 없어요", "바빠요"라는 뜻으로 씁니다.

## 🐾 강아지와 산책할 때 필요한 준비물

- 목줄(leash), 이름표(name tag), 배변 처리 봉투(poop bag)는 필수입니다.
- 특히 **이름표는** '생명줄'입니다. 몸속에 칩을 넣어주어도, 강아지를 잃어버린 경우에는 동물병원이나 보호소가 아니면 확인이 불가능합니다. 반드시 이름표를 달아주세요.
- 휴대용 물통과 간단한 간식도 준비해 주세요(산책 중에 칭찬을 해준 뒤 물과 간식을 조금씩 주세요).
- 여름에는 모기 퇴치제도 필요합니다.

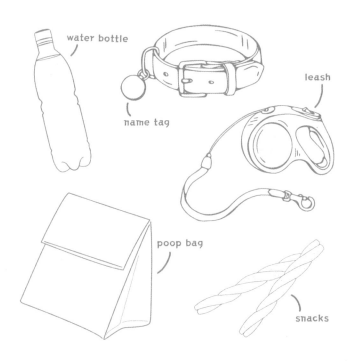

water bottle

name tag

leash

poop bag

snacks

# Come on Ben, breakfast is ready.
## 벤, 어서 아침 먹자.

Come on Ben, breakfast is ready.

벤, 어서 아침 먹자.

**How about a bite of lunch?**

점심 요기 좀 할까?

**Let me cut it into bite-size pieces.**

먹기 좋게 잘라줄게. ─────────────── 반려견에게 간식을 줄 때 쓰세요.

bite 한입 물기, 적은 양 | bite-size piece 한입 크기

"아침 먹자"는 "Breakfast is ready"라고 합니다. 그리고 "저녁식사 합시다"는 breakfast 대신 dinner를 넣어 "Dinner is ready"라고 쓰면 됩니다. 아침 겸 점심을 먹을 때는 brunch, 점심 겸 저녁을 먹을 때는 lunner를 쓰면 됩니다.

**배고픔을 표현하는 문장에는 무엇이 있을까요?**

- What's the matter? You're not hungry? 왜 그래, 배 안고파?
- I'm hungry. 배고파요.
- I'm starving (to death). 배고파 죽겠어요.

starve는 '굶어죽다'라는 뜻이에요. 대화에 사용할 때는 보통 'to death'를 생략하고 "I'm staving"만 씁니다.

🐾 I could eat a horse.

"말도 잡아먹을 수 있다"(= 아무거나 먹을 수 있다)라는 코믹한 표현이에요. 또 "I could eat a brick(벽돌도 먹을 수 있다)"이라고도 해요. 과거에 어른들이 "저 나이에는 쇠도 먹을 수 있어"라고 말하기도 했는데, 이때 could eat a horse(혹은 brick)라고 쓰면 돼요. 직역한다고 iron(쇠)을 쓰지는 않도록 합시다.

#2의 설명을 들어보세요!

# #2

# 서두르지 말자고 할 때

# Don't hurry.
## 서두르지 마.

**Don't hurry.**

서두르지 마.

**Take it easy.**

진정해.

**Calm down.**

진정해

**Hold your horses.**

서두르지 말고, 침착해.

**What's the hurry?**

왜 그렇게 서둘러?

**Why are you in a hurry?**

왜 그렇게 서두르는데?


반려견과 산책을 하다 보면 개들이 유난히 헐떡거리며 서두르는 경우를 봅니다. 멀리서 다른 강아지 친구들을 발견하면 숨이 가빠지고 속도가 빨라

집니다. 이때 "서두르지 마, 좀 침착하자"라고 말할 수 있는데, 영어로는 "Don't hurry, take it easy"라고 합니다. 한편 "나 지금 몹시 바쁘거든?"이 라고 할 땐 "I am in a big hurry"라고 하면 됩니다.

## 🐾 Hold your horses.

- Hold your horses, Ben, we got plenty of time. 벤, 시간 많으니까 서두르 지 마.
- Hold your horses, I want to make a phone call. 잠깐만, 전화 좀 해야겠어.

"Hold your horse"는 '말고삐를 움켜쥐다'라는 뜻인데, 대화에서는 "서두르지 말 라", "감정을 조절하라"와 같은 의미로 사용할 수 있습니다.

Hold your horses!

#3의 설명을 들어보세요!

# #3

# 옷 입을 때

# You look good in blue.
## 파란색이 잘 어울리는구나.

## You look good in **blue**.
파란색이 잘 어울리는구나.

## You look nice in **red**.
빨간색이 잘 어울리네요.


한여름 더운 날씨를 빼고는 반려견들은 옷을 입을 때가 많아요. 옷 입을 때 강아지들과 나누는 대화를 소개할게요.

'in + ~'은 '~색이 잘 어울린다'는 뜻이에요.

예) **You look good in grey.** 회색이 아주 잘 어울려.


**더 보기** 오늘 입은 옷을 칭찬하는 표현에는 무엇이 있을까요?

- **Your scarf goes very well with the colour your hair.** 스카프가 털 색깔과 잘 어울리네.
- **Mom, do my clothes match?** 엄마, 옷이 잘 어울려요?
- **You look wonderful today.** 오늘 아주 멋진데?
- **Fine feathers make fine birds.** 옷이 날개입니다.

   **A goes very well with B** A와 B가 잘 어울린다

# What am I going to wear today?
## 오늘은 뭘 입죠?

A: What am I going to wear today?

오늘은 뭘 입죠?

B: You are going to wear the raincoat.

우비를 입어야겠다.

I am going to wear the vest.

조끼를 입을 겁니다.

I am going to wear the padding.

패딩을 입을 겁니다.

**wear의 다양한 용법**

wear를 단순히 '입다'로만 알면 안 돼요. wear에는 여러 가지 뜻이 있어요.

### ① (향수를) 뿌리다

**What kind of perfume are you wearing?** 어떤 향수를 뿌리나요?

↳ 줄여서 "What are you wearing?"이라고도 합니다.

### ② (수염을) 기르다

**My brother is wearing a beard.** 동생은 수염을 길러요.

↳ wear 대신 grow도 써요.

### ③ (안경을) 쓰다

**Why don't you wear a pair of glasses?** 안경 쓰는 거 어때요?

#4의 설명을 들어보세요!

# #4

# 날짜와 요일

# What's the date today?
### 오늘 며칠이지?

① **A: What's the date today?**

　오늘 며칠이야?

**B: It's July 5th.**

　7월 5일이야.

② **A: What day is today?**

　오늘 무슨 요일이지?

**B: Today is Wednesday.**

　오늘은 수요일이야.

강아지와 산책을 나가면 언제나 되뇌는 혼잣말 중에 "오늘 며칠이지?"라는 말이 있어요. 이때 요일과 날짜는 혼동하기 쉬운데, 날짜는 date, 요일은 day를 써요.

　숫자에는 '기수'와 '서수'가 있는데, 기수는 0~9까지의 숫자를 말하고, 서수는 '사물의 순서'를 말한답니다.

　**기수**: one, two, three, four, five…….

　**서수**: first, second, third, fourth, fifth…….

날짜는 당연히 서수로 하겠죠? 10월 7일은 10월의 7번째 날입니다. 영어로 쓰면 October 7th인데, 그냥 seven이라고만 하면 안 된답니다. 날짜는 반드시 서수로 표시하세요.

또, 처음 요일을 익힐 때 가장 애매한 것이 수요일(Wednesday)입니다. 바로 묵음(d) 때문입니다. 편법으로 '웨드네스데이'라고 익히고 실제 발음은 '웬즈데이'로 하세요. 요일과 날짜 모두 대답은 'It is~'혹은 'Today is~'로 시작하세요.

## 🐾 T! G! I! F!(야, 즐거운 주말이다!)

> 한국인들과 마찬가지로 미국인들도 주 5일 동안 근무하기 때문에 금요일부터를 주말로 여겨요. TGIF는 **Thank God It's Friday**의 줄임말인데, 나누어서 해석하면 "Thank god(다행이다, 좋다)", "It's Friday(금요일이다)", 즉 "나의 즐거운 금요일이다!"가 돼요. 티지아이프라이데이(TGI Friday)라는 레스토랑도 기억나네요.
> 단, 이 표현은 친한 사이에 주로 씁니다. 가장 일반적인 말은 "Have a nice weekend"랍니다.

#5의 설명을 들어보세요!

# #5

# 몸이 아플 때

# Are you feeling sick?
## 어디 아프니?

A: What's wrong? Are you feeling sick?

왜 그래? 어디 아프니?

B: I think I am getting sick.

아픈 것 같아요.

A: Let's check your temperature. You are running a slight temperature.

체온을 재보자. 열이 조금 있구나.

check 확인하다 | temperature 체온 | slight 약간의

반려견이 상태가 좋지 않을 때, 자연스럽게 "Are you feeling sick?"이라는 표현을 써봅시다.

run은 '달리다' 외에 다양한 뜻이 있어요. run a temperature는 '열이 생겼다'라는 뜻이에요.

# I think I will throw up.

### 토할 것 같아요.

A: I think I will throw up.

토할 것 같아요.

B: Sleep tight. You will be back to normal tomorrow. We'd better see a doctor for check up.

푹 자고 나면 좋아질 거야. 의사한테 가서 진찰해 보자.

I ate too much. I feel like throwing up.

과식해서 토할 것 같아요.

The smell made me vomit.

냄새 때문에 토할 것 같아요.

throw up 토하다 | vomit 토하다

여러분의 반려견이 종종 음식물을 토할 때가 있지요. 심한 경우가 아니면 가볍게 지나갈 수도 있겠지만, 일단 사료를 주지 말고 하루나 이틀 정도 지켜보세요.

**증상을 표현하는 방법에는 무엇이 있을까요?**

- Mom, I can't stop coughing. 엄마, 자꾸 재채기가 나와요.
- I have a sore throat. 목이 따가워요.
- I think you are coming down with cold. 너 감기 걸린 것 같아.
- I think I'm coming down with flu. 독감 걸렸나 봐.

sore throat 인후염 | come down with~ (별로 심각하지 않은 병이) 들다

🐾 **contract와 come down with의 차이**

- Paul is contracted with pneumonia. 폴이 폐렴에 걸렸어.
- A lot of people are contracted with COVID-19. 코로나19에 많은 사람이 감염되었다.

pneumonia 폐렴 | COVID-19 코로나바이러스감염증-19

come down with가 심각하지 않은 병에 걸렸을 때 쓰는 말인 반면에, contract는 전염병 같은 심각한 병에 걸렸을 때 쓰는 말입니다.

🐾 **overeat는 콩글리시?**

맞아요. overeat는 '토하다'가 아니라 '과식하다'라는 뜻입니다. 참고로, overwork는 '과로하다'이고, overhear는 '더 듣다'가 아니라 '엿듣다'입니다.

예) Sorry, I couldn't help overhearing. 엿들어서 미안해요.

#6의 설명을 들어보세요!

# #6

# 퇴근 후 돌아왔을 때

# How have you been?
## 잘 지냈니?

**I'm home, Ben. How have you been?**

벤, 집에 왔다. 잘 지냈니?

**How are you doing?**

잘 지냈어?

**Hello there.**

어이, 잘 있었어?

**How are you getting along?**

잘 지내지?

get along 살아가다

"Hello there"는 "How are you?"보다 친근한 느낌을 줍니다. 하루 종일 주인만 기다리던 반려견들에게 다양하게 인사를 건네어 보세요.

"How are you?"와 "How have you been?" 모두 다정한 인사말이지만 차이가 있습니다. "How are you?"는 '현재의 기분 상태'를 물을 때 쓰는 반면, "How have you been?"은 '한동안 뜸했던 사이'에 씁니다.

더 보기 **have been to~와 have been in~의 차이는 무엇일까요?**

- **have been to~**: ~에 여행가다
  예) **Have you been to America?** 미국 여행 가봤나요?
- **have been in~**: ~에 산 적이 있다
  예) **I have been in London.** 런던에 산 적 있어요.

## 🐾 강아지의 분리불안

사람은 하루가 24시간입니다. 그런데 강아지들은 4~6시간이 하루라고 해요. 따라서 여러분의 반려견이 혼자 있었던 시간이 10시간이라면 이는 사람 기준으로 이틀이 됩니다. 반려견 나이가 10살이면 사람으로 치면 60세 정도라고 해요. 오랜 시간 혼자 남겨진 반려견에게 따뜻하고 반가운 인사를 건네세요.

# Where is your harness?
## 허리끈 어디 있지?

A: Can I go out and play with my friends?[P]

나가서 친구들하고 놀아도 돼요?

B: Where is your harness?

허리끈 어디 있지?

비록 강아지가 말은 못하지만, 어린이들과 마찬가지로 오랜 시간 집에만 있으면 반드시 산책을 하고 싶을 것입니다.

'harness(허리끈)'는 원래는 행글라이딩을 할 때 안전하게 허리를 조여주는 장치입니다. 허리 벨트와 다리 벨트로 구분되는데, 반려견용은 허리 벨트만 있어요.

harness

- Where is the leash? 목줄 어디 있지?
- I want to walk a dog on a leash. 목줄 매고 강아지 산책시키고 싶어요.
- Why don't you slip a dog from the leash? 목줄을 풀어주시겠어요?

slip 풀어주다

leash(가죽끈)는 원래는 서핑(surfing)할 때 보드와 발을 연결해 주는 끈으로, 반려견의 목줄에 해당합니다.

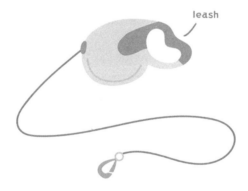

leash

# What took you so late?
## 왜 늦었어요?

A: **Sorry, I'm late. How was your day, Ben?**

늦어서 미안하디. 오늘 하루 잘 지냈니?

B: **What took you so late?**

왜 늦었어요?

A: **I was kind of busy.**

좀 바빴어.

kind of 약간

외국 영화를 보면 어린이집에 맡겨놓은 자녀를 부모가 늦게 데리러 가면 아이가 투정을 부리는 장면이 나옵니다. "Mommy, what tool you so late? (엄마 왜 늦게 왔어요?)" 마찬가지로 여러분의 반려견도 주인이 늦게 오면 똑같은 심정 아닐까요? 그런 상상으로 문장을 소개했습니다.

왜 늦었는지 질문할 때는 "Why are you so late?"라고 해도 되지만 이 표현은 너무 직설적입니다. 그 대신에 "What took you so late?"와 같은 표현을 쓸 수 있는데, 이는 "무엇이 당신을 지체하도록 만들었나?"라는 뜻으로, '완곡 화법'에 해당합니다. late 대신 long을 써서 "What took you so long?" 이라고 해도 됩니다.

마찬가지로, 한국을 방문한 외국인에게 "한국에는 왜 오셨어요?"라고 묻고 싶어서 "Why do you come to Korea?"라고 말하면 실례입니다. 이때는 "What makes you come to Korea?"라고 해야 예의바른 표현입니다. "한국 에는 어떻게 오시게 됐나요?"로 해석됩니다.

**더 보기** 주인이 늦게 집에 왔을 때 반려견과 할 수 있는 말을 상상해 볼까요?

A: Where have you been? You're so late today.ⓟ 어디에 있다가 이렇게 늦 게 왔어요?

B: You didn't touch the food a bit. Why not? 사료는 건드리지도 않았네. 왜 그래?

A: I'm hungry. Can you give me something to eat?ⓟ 배고파요. 먹을 것 좀 주실래요?

## 🐾 Will that be long?(오래 걸려요?)

주문한 음식이 늦게 나올 때 종업원에게 쓸 수 있어요. 여기서 long은 '길다'가 아 니고 '지체하다, 오래 걸리다'입니다. 이 경우 종업원들은 대부분 "No, it won't be long"이라고 합니다. 이 문장은 "아뇨 곧 나와요"라는 뜻입니다.

#7의 설명을 들어보세요!

# #7

# 사료 먹을 때

# It's time to eat.
## 밥 먹을 시간이다.

**It's time to eat, Ben.**

벤, 밥 먹을 시간이다.

**What did you have for breakfast?**

아침은 뭘 드셨나요?

**A: Let's get ready for dinner.**

저녁 먹자.

**B: Mom, I'm starving.**$^{(P)}$

배고파 죽겠어요.

**A: How does rice with fish to you?**

밥하고 생선을 먹는 건 어때?

have 대신 eat를 쓰면 부자연스러워져요. "아침 뭐 먹었니?"라는 뜻이 되기 때문이에요. 처음 보는 사람이나 어른들에게 이렇게 말하면 실례가 되겠죠?

- I am not hungry. I will skip the meal.ⓟ 배가 안 고파요. 굶을래요.
  ↳ 사람과 마찬가지로 반려견도 식욕이 없을 때가 있어요. 이때 위와 같이 표현할 수 있답니다.
- My puppy is on a strict diet. 우리 강아지는 철저한 다이어트 중입니다.

strict diet 철저한 다이어트

🐾 반려견에게 해로운 음식과 이로운 음식은 무엇일까요?

- **해로운 음식**
  ① 포도/건포도 ｜ ② 초콜릿 ｜ ③ 양파 ｜ ④ 마카다미아 ｜ ⑤ 아보카도
  ⑥ 자일리톨 ｜ ⑦ 마늘 ｜ ⑧ 우유 ｜ ⑨ 계란 흰자 ｜ ⑩ 오징어

- **적당히 이로운 음식**
  ① 염분 섭취 ｜ ② 치즈 ｜ ③ 아몬드 ｜ ④ 계란 노른자 ｜ ⑤ 고구마
  ⑥ 당근 ｜ ⑦ 바나나 ｜ ⑧ 딸기 ｜ ⑨ 양배추 ｜ ⑩ 감자와 고구마
  ↳ 사람이 먹는 음식을 반려견이 먹지 못하게 하는 이유는, 사람의 음식에 염화나트륨이 너무 많이 들어가 있기 때문입니다. 강아지 사료와 간식에 포함된 염분은 양이 적어서 문제가 되지 않는답니다.

# How about chicken breast with food?

## 닭가슴살이랑 사료 섞어줄까?

**A:** I don't feel like eating today.℗

오늘은 먹고 싶지 않아요.

**B:** How about chicken breast with food?

닭가슴살이랑 사료 섞어줄까?

**A:** Chicken breast is not bad at all.℗

닭가슴살, 나쁘지 않은데요?

chicken breast 닭가슴살

닭가슴살을 마다하는 강아지는 없을 것입니다. "How about + '좋아하는 음식' + with + '좋아하는 다른 음식'?"이라고 쓰면 이는 상대방의 취향을 묻는 표현입니다. 이 표현을 자녀들에게 말할 땐 "How about fried egg with toast?(계란프라이와 토스트 어때?)"와 같이 쓰면 됩니다.

예) **How about noodle with beef curry?**

소고기 카레와 국수를 섞어줄까?

예) **How about cold beer with fried chicken?**

통닭과 시원한 맥주 어때요?

# What's for snack?
## 오늘 간식은 뭐죠?

A: **Eat your dog food. They are good for you.**

사료를 먹어야 돼. 그게 좋은 거야.

B: **What's for snack, Mom?**ⓟ

엄마, 오늘 간식은 뭐죠?

A: **Today's snack is dried salmon.**

오늘 간식은 말린 연어야.

eat와 have의 차이는 '먹다'와 '드시다'의 차이라고 보면 좋아요. "맛있게 드세요"는 "Have a good meal"이라고 씁니다. "Eat a good meal"은 곤란하겠지요?

예) A: **What did you have for dinner?** 저녁은 뭘 드셨나요?

　　B: **I had some chicken.** 닭고기를 먹었어요.

　　↳ ate 대신 had를 썼어요. eat도 틀린 건 아니지만 have가 훨씬 자연스러워요.

## 🐾 단어 조합(collocation)의 중요성

"Merry X-mas" 대신 "Happy X-mas"를 쓰는 것은 어색하답니다. 그 대신 Happy 는 "Happy new year"라고 쓸 때 들어갑니다. "Merry new year"라고 쓰지 않고요. 마찬가지로 "I ate dinner"가 아니라 "I had dinner"라고 쓰는 것도 여기에 해당됩니다. 이것이 단어 조합의 중요성이랍니다.

# I can smell something delicious.
### 맛있는 냄새가 나요.

**A:** I can smell something delicious. What is it?℗

맛있는 냄새가 나는데 뭐죠?

**B:** You can taste the chicken in the snack.

간식에서 치킨 냄새가 날 거야.

**Delicious smells wafted up from the kitchen.**

부엌에서 맛있는 냄새가 퍼지네요.

**waft** 퍼져 나오다

견주가 간식을 준비하면 강아지들은 귀신같이 눈치 채고 킁킁거립니다. 이 상황에서 강아지가 견주에게 하고 싶은 말을 상상해 봤어요.

### 🐾 둘이 먹다가 하나가 죽어도 모른다?

이 말은 영어로 뭐라고 할까요? 설마 "Two people eat⋯⋯ one man dies, the other man doesn't know"라고는 안 하겠지요? 만일 이 표현을 원어민이 듣는다면 '이 음식을 둘이 먹으면 한 사람은 반드시 죽고 다른 사람은 모른 척한다'라고 오해할 겁니다. 실제로는 "How delicious!(너무너무 맛있어요!)"라고 합니다. 이 문장은 "How delicious it is!"의 줄임말로, 감탄문의 용법입니다.

# I am full.
## 배불러요.

① **A: Are you full?**

배부르니?

**B: I am full.**

배불러요.

② **A: Have you had enough?**

맛있게 드셨어요?

**B: Yes, I've had enough.**

네, 잘 먹었어요.

첫 번째 대화는 친한 사이에 재미있게 쓰는 표현입니다. "Are you full?"은 "배 불러요?"라는 뜻의, 친한 사이에 쓰는 말입니다.

두 번째 대화는 비행기의 1등석이나 특급 호텔 레스토랑에서 손님과 지배인 사이에서 자주 들을 수 있는 공손하고 예의바른 표현입니다. 또, "Are you satisfied with food?"라고 하는 것도 점잖은 표현입니다.

- I have had enough. 잘 먹었어요.
- Have you had enough? 맛있게 드셨어요?

"I have had enough"는 "I am full"보다는 격식 있고 점잖은 표현입니다. 일상생활에서 외국인과 식사한 뒤에도 쓰면 좋답니다. 반대로 식사를 잘 했는지 물어볼 때는 "Have you had eough?(맛있게 드셨어요?)"라고 쓸 수 있습니다. 여기서는 enough 뒤에 food가 생략되어 있어요.

견주들은 종종 반려견에게 존댓말과 반말을 섞어서 쓰곤 합니다. 반려견에게 존대어를 쓸 때는 적어도 알맞은 표현을 사용하도록 해요.

## 🐾 full과 fool의 발음 차이

발음기호(모음)도 [u]로 같지만 full은 짧게 발음하고 fool은 길게 발음합니다(사전에서 발음을 확인해 보세요). 여러분이 원어민에게 "배부르세요?"라고 물었는데 상대가 "Are you fool?"이라고 들었다면 곤란하겠죠?

#8의 설명을 들어보세요!

# #8

# 잠잘 때

# Time to go to bed.

## 잠잘 시간이야.

**You look sleepy.** Time to go to bed.

졸려 보인다. 잠잘 시간이야.

**Honey dozed off to sleep.**

허니가 졸다가 잠들었어요. ——————— doze off는 낮에 꾸벅꾸벅 졸 때도 써요.

**Coco is dozing off around 10 p.m.**

코코는 10시쯤에 자요.

**Get ready for sleep soon.**

자, 어서 코 자자.

**It's about time you slept.**

잠잘 시간이란다. ——————— sleep을 과거형인 'slept'로 쓴 것은 '가정법 과거' 문장이기 때문입니다 (복잡한 문법이니 그냥 외워두세요).


반려견들의 취침 시간은 언제일까요? 정해져 있는 것은 아닙니다. 영미권의 어린이들이 잠들기 전, 부모가 동화책을 읽어주거나 자장가를 불러주기도 하는데, 이는 반려견을 재울 때도 마찬가지로 쓸 수 있습니다.

**"지금 자야 돼요?"라고 물어볼 때는 어떻게 대답해 줄까요?**

Do I have to go to bed now?ⓟ 지금 자야 돼요?

반려견도 어린아이와 똑같습니다. 성견의 경우 3~4세 유아의 지능을 갖고 있다고 합니다. 그러니 잠들지 않고 놀고 싶으면 충분히 이런 말을 할 수 있을 것입니다. 이때 견주는 반려견에게 다음과 같이 대답을 해줄 수 있습니다.

• Don't come out of your bed and stay in bed. 네 잠자리에서 나오지 말고 자렴.
• Sleep tight. 푹 자라.
• Don't let the bed bugs bite you. 걱정 말고 푹 자거라.
• Time to settle down and go to bed. 자, 이제 정리하고 코 자자.

**잠자리와 관련된 재밌는 표현들**

• Let's hit the pillow.
• Time to hit the sack.
• You should hit the hay.

pillow 베개 ┃ sack 자루, 포대 ┃ hay 건초

위의 세 가지 표현은 모두 군대와 관련이 있는데, 한마디로 "자, 이제 슬슬 꿈나라로 가자"는 뜻이랍니다.

## 🐾 잠자기 전에 자주 쓰는 인사말

Sleep tight. Don't let the bedbug bite you. 잘 자라. 좋은 꿈 꿔.

고대 이집트 시대와 고대 로마 시대에서부터 유래한 표현이에요. 살충제(DDT)가 개발되기 전까지는 침대 근처에 기생하는 벌레들이 많았어요. 부모들은 늘 "밤새 벌레한테 물리지 말거라"라고 당부하는 게 잠들기 전에 하는 일반적인 인사가 되었답니다.

이 문장을 직역하면 "벌레에게 물리지 말아라"이지만, "좋은 꿈 꾸거라"로 의역할 수 있답니다.

# I tossed and turned all night.

## 밤새 한숨도 못 자고 뒤척였어요.

A: **You look dead tired. What's up?**

몹시 피곤해 보이네. 왜 그래?

B: **I tossed and turned all night.**

밤새 한숨도 못 잤어요.

A: **Why?**

왜?

B: **I was worried about the mid-term exam.**

중간고사 걱정 때문에요.

---

toss and turn 잠 못 자고 뒤척이다 | dead tired 몹시 피곤한

---

"What's up?"은 "What's going on?"과 같은 "웬일이야?"라는 뜻이에요.

toss는 '처들다', '(자다가) 벌떡 일어나다'라는 뜻이고, turn은 '뒤집다'입니다. toss and turn은 '이리저리 뒤척이고 잠 못 자다'가 돼요.

#9의 설명을 들어보세요!

# #9

# 체중 잴 때

# How much is your weight?
## 체중이 얼마일까?

**How much** is your weight?

체중이 얼마일까?

**How much** do you weigh?

체중이 얼마인가요?

**How much** is the doggy in the cage?

우리 안의 강아지는 얼마인가요?

**How much** is your coat?

당신의 코트는 얼마인가요?

**How much** does it cost?

비용이 얼마죠?

weight 무게 ㅣ weigh 무게가 나가다 ㅣ How much~ ~는 얼마인가요?

반려견의 체중은 견주의 큰 관심사입니다. 사람과 마찬가지로 비만은 만병의 근원이기 때문입니다. 반려견의 몸무게가 얼마인지 물어볼 때는 How much~라는 표현을 사용합니다. 또, 비용이나 시간 등을 물어볼 때도 How much~를 씁니다.

**체중 관리를 하는 동안에 쓸 수 있는 표현에는 무엇이 있을까요?**

- You look like you lose weight. 체중이 좀 빠진 것 같아.
- You weren't losing weight. 살이 안 빠졌어.
- You really gained so much weight. 살이 많이 쪘네.
- Don't eat snack, you have to lose weight. 간식 먹지 마, 살 빼야 돼.

gain weight 살찌다 ㅣ lose weight 살이 빠지다

# I'm on a diet.
## 다이어트 중입니다.

**A:** You don't touch the meal. Why?

음식에 손도 안 댔네. 왜 그래?

**B:** Actually, I am on a diet.

다이어트 중이야.

**A:** You know, the diet is based on counting calories.

저기, 식이요법은 칼로리 조절이 중요한 거야.

diet 식이요법 | base on~ ~에 역점을 두다

diet는 '살 빼기'가 아니라 '(일상적인) 식습관'을 말합니다. 한마디로 '식사 조절', '식이요법'이라는 뜻이에요. 따라서 diet라는 표현을 '체중 조절'이라는 의미로만 여기는 것은 곤란합니다.

**diet가 들어간 문장을 더 익혀볼까요?**

- The diet is based on counting calories. 다이어트는 칼로리 계산에 기준을 두고 있다.
- These illness is attributable to a poor diet. 그런 질병은 제대로 못 먹은 것이 원인이다.
- We existed on a diet of rice. 우리는 쌀을 주식으로 살았다.
- How do you control your diet? 식단 관리는 어떻게 하고 있어요?

attributable ~의 원인이 되다 ㅣ diet 식습관, 규정식

#10의 설명을 들어보세요!

# #10

# 칭찬할 때

# Atta boy/girl.
## 잘했어.

**Atta boy**, Ben. You did a good job.

벤, 잘했어. 최고야.

**Atta boy**, and you brought the ball.

아이고, 장하다, 공을 갖고 왔구나.

**Atta girl!** You ate all the food.

어이구, 잘했어! 사료를 전부 먹었구나.

**Atta boy.** I got respect for my puppy.

잘했어. 나는 우리 강아지가 자랑스러워요.

get respect for~  ~를 자랑스러워하다

반려견들은 칭찬받기를 좋아합니다. 큰 소리로 칭찬해 주면 좋아하는데요, 남자에게는 "Atta boy", 여자에게는 "Atta girl"이라고 합니다. 발음은 '애러 보이', '애러 걸'입니다. 운전면허 시험에 여러 차례 떨어진 후 우여곡절 끝에 합격한 친구에게 "Atta boy, you did a good job" 하면 "잘했어", "최고야"라는 뜻이 됩니다.

이 표현의 정확한 유래는 밝혀지지 않았으나, "That's a boy/girl"에서 변형된 표현이라고 합니다. 이 표현도 마찬가지로 '(우리 아들/딸) 잘한다'라는 뜻입니다.

단, 이 표현은 친한 친구나 아랫사람에게 쓰세요. "Good for you(him/her)"는 전 연령대에 쓰면 좋아요.

Atta boy!

# Good job.

**잘했어.**

Good job, Ben.

잘했어, 벤.

**This is a** good job. **Be thinking about it.**

이번 일은 좋은 기회야. 잘 생각해.

**You did a** good job today. **Nice work.**

오늘 수고했어. 멋져. ───────────────── 반려견과 산책 후에 말해주세요.

**Why did you quit such a** good job?

그렇게 좋은 직업을 왜 관뒀나요? ───────── 여기서는 job이 '직업'으로 쓰였어요.

**Thank you for your hard work. You're doing a** good job.

열심히 해줘서 고마워요. 수고 많았습니다.

우리말도 '일'이라고 할 때 '직업'을 뜻하기도 하고 '특정한 사안'을 뜻하기도 하지요? 영어도 job에 '직업' 외에 '특정한 일'이라는 뜻이 있어요. 따라서 "Good job"은 '어떤 특정한 사건'을 잘 처리했다는 의미가 되어서 "수고했어", "잘했어"로 해석합니다.

예를 들어볼까요? 영국 프리미어리그(EPL) 경기에서 손흥민 선수가 멋진 골을 성공시키면 현지 아나운서가 "Atta boy, Sonny. Good job"이라고 말하며 흥분하는 모습을 볼 수 있습니다.

수업이 끝나고 학생이 교사에게 "You did a good job"이라고 하면 "수고하셨어요"가 됩니다. 다만 여기서 good job을 '좋은 수업'이라고 하면 오역입니다.

# Good boy/girl.
## 아이고, 착하다.

**Finish your food, there's a good boy.**

우리 애기 착하지, 어서 사료 다 먹어.

**If you're a good boy, I will give you snack.**

말 잘 들으면 간식 줄게.

**Be a good boy while I'm gone.**

나 없는 동안 얌전히 있거라.

**Oh, my son, you are a good boy.**

우리 아들, 참 착하구나.


반려견에게 "손!"이라고 말하면 앞발을 줍니다. 이때 우리는 반려견에게 칭찬을 하면서 간식을 주곤 하는데, 그때 쓰는 말이 "good boy/girl"입니다. 우리말로는 '아이고 우리 애기 착하다'가 됩니다. 암컷 반려견에게는 "Good boy" 대신 "Good girl"이라고 쓰면 됩니다.

Big girls don't cry.

Big girls don't cry. 다 큰 애가 울긴 왜 울어?

good girl이 '착하지'라면 big girl은 뭘까요? '다 큰 애'라는 뜻입니다. "Big girls don' cry"는 어린아이가 울 때 달래는 말입니다. 물론 남자 아이는 big boy를 쓰면 됩니다. 가령 반려견이 배변을 잘 가리거나 개인기를 보여줄 때 "아이고, 우리 애기 다 컸네"라고 칭찬하고 싶으면 "Oh, dear big girl/boy"라고 얘기해 보세요. 물론 억양은 좀 흥분 상태여야겠지요? 또, big girl과 good girl을 잘 비교해서 사용해 보세요.
추가로, 유튜브에서 포시즌스(Four Seasons)라는 그룹이 부르는 〈Big Girls Don't Cry〉라는 노래도 찾아 들어보세요.

#11의 설명을 들어보세요!

# #11

# 산책 나가자고 할 때

# Shall we go for a walk?
## 산책 나갈까?

**Hey, Ben.** Shall we go for a walk?

이이, 벤. 우리 산책 나갈까?

**Let's go for a walk.**

산책 가자.

**Don't forget to have your dog on a leash.**

목줄 채우는 것 잊지 마세요.

**Where is your harness?**

허리끈 어디 있지? —————————————— │ 목줄(leash)과 허리끈(harness)은 구
│ 분해서 익히세요.

leash 목줄, 가죽끈, 사슬 ㅣ harness 허리끈

반려견들의 최대의 관심사는 산책입니다. 간식 먹는 것보다 산책을 더 좋
아하지요. 산책 나가자는 권유부터 실제 산책 중에 벌어지는 표현까지 잘
살펴봅시다. Shall we~는 권유할 때 쓰는 표현입니다.

**더 보기** **Shall we가 들어간 문장을 더 익혀볼까요?**

- Shall we dance? 춤출까요?
- Shall we stay more? 조금 더 있을까요?
- Shall we take a break? 잠깐 쉴까요?

**더 보기** **산책과 관련된 문장을 더 익혀볼까요?**

A: What are we going to do today? 오늘 뭘 할까?
B: It's a beautiful day to be out, isn't it? 산책하기 너무 좋은 날씨야, 그렇지?
A: Let's walk up to the park. 공원까지 걸어가자.

walk up to~ ~까지 걷다

# Where are you headed?
## 어디로 가니?

**Where are you headed?**

어디로 가니?

**Where are you going?**

어디 가요?

**I am going to school.**

학교 갑니다.

**I am headed to my house.**

집에 갑니다. ———————————————————— to 대신에 for를 쓰기도 해요.

산책을 시작하면 강아지들은 흥분해서 앞서나가곤 합니다. 이때 "어디로 가는 거야?"라고 반려견에게 말할 수 있는데, 영어로는 "Where are you going?"보다 "Where are you headed?"가 더 자연스러운 표현입니다. 두 표현은 같은 뉘앙스이지만, 좀 더 구체적인 목적지를 물을 때는 "Where are you headed?"라고 쓴답니다.

혹시 길에서 외국인이 반려견을 데리고 가는 장면을 본다면 자연스럽게 사용해 봅시다. 또, 멋진 옷을 입은 예쁜 강아지를 길에서 만난다면 다음과 같은 표현을 사용해 봅시다.

**You certainly are all fixed up, where are you headed?**

그렇게 멋을 내고, 어딜 가세요?

fixed up 단장하다

**더 보기** **강아지와 산책을 할 때 쓸 수 있는 말을 더 알아볼까요?**

- Please wait. Don't get too far ahead of me. 기다려. 너무 멀리 가면 안 돼.
- Why don't we stop here and have some water? 여기서 쉬면서 물을 마실까?
  ↳ Why don't we~는 Shall we~와 같은 '~할까?'라는 뜻입니다. 마찬가지로 "Why don't you have a seat?"은 "앉으시겠어요?"입니다. "왜 안 해?"는 오역입니다. 가벼운 부탁을 할 때 써요. 또, drink some water보다 have some water를 쓰는 게 좋아요.
- We will only go a few kilometers or so. 그냥 몇 킬로미터만 걸을 거야.
- Ben, Would you slow down a little? 벤, 좀 천천히 갈래?

slow down 속도를 늦추다 ㅣ too far 너무 멀리 ㅣ ahead of 앞서서<br>or so 대략 ㅣ slow down 속도를 늦추다

# This is it.
## 바로 여기야.

A: **We are almost there.**

  기의 다 왔어.

B: **This is it.**

  바로 여기야.

A: **Now here we are.**

  자, 다 왔다.


"Here we are"는 "여기 우리가 있다"가 아니고 "다 왔다"입니다. 외국에서 택시 기사님들이 많이 씁니다.

목적지에 도착하면 "Here we are"라고 해도 되고, 간단히 "This is it"이 라고 해도 됩니다. "다 왔다", "(목적지에) 도착했다"라는 뜻입니다. 'arrive at(~에 도착하다)' 같은 공식적인 표현은 실용 영어에 어울리지 않습니다. 또, "This is it"을 직역하는 것도 "여기가 그것"이라는 의미가 돼서 좀 어색 하죠?

버스나 전철에서 종종 들리는 영어권 원어민들의 대화입니다.

예) A: **When are we getting off?** 언제 내리지요?

　 B: **This is it. Let's get off.** 바로 여기야. 내리자.


이상에서 보듯이 목적지에 다 왔을 때 "This is it"이라고 합니다. 여러분도 반려견과 원하던 목적지(공원 등)에 도착했을 때 사용해 보세요.

**더 보기** **This is it에 대해 더 알아볼까요?**

- This is it guys, I'm out. 난 끝났어, 관둘게.
- This is it! That's why the computer didn't work. 이거였네! 이것 때문에 컴퓨터가 작동이 안 됐어.

어떤 사건이나 현상을 이야기할 때 "This is it"이라고 써요. "끝났어", "바로 이거야"라는 뜻이죠.

# Let's take a short break.
## 우리 잠깐 쉬자.

**I'm getting tired.** Let's take a short break.

피곤한데 잠깐 쉬자.

**Let's have 5 minute break.**

5분간 휴식합시다.

**Coffee and snack will be served during the break.**

휴식시간에 커피와 간식이 제공됩니다.

**We'd better stop here and take a break for a while.**

여기서 중단하고 잠깐 쉽시다.

break 휴식

🐾 coffee time은 콩글리시인가요?

Let's have a coffee break. 커피 한 잔 합시다.

네, 콩글리시입니다. 실제로는 coffee break가 맞습니다. coffee break 시간에 tea나 다른 음료를 마셔도 마찬가지로 coffee break라고 해요.
break는 '부수다', '깨뜨리다'라는 뜻의 동사이지만 명사로는 '휴식시간'을 뜻합니다. 1950~1960년대 실용 영어가 보급되기 전에는 coffee break를 두고 '(미국인들이) 커피를 마신 뒤 잔을 깬다'라고 잘못 알려지기도 했답니다.

# Have a seat.
## 앉으세요.

**It looks like a good spot. Please** have a seat**.**

여기가 좋아 보이네요. 앉으시죠.

have a seat**. Make yourself at home.**

앉아서 편히 쉬세요. ──────────────── 이 표현은 집이나 사무실에 손님이
왔을 때도 쓸 수 있어요.

**Please be seated.**

착석하세요. ─────────────────────── 행사장에서 자주 쓰입니다.

**Is anybody sitting here?**

자리 있나요? ───────────────── 공원 벤치를 함께 쓰고 싶을 때 써요.

**Is this seat taken?**

이 자리 사람 있나요?


🐾 sit down과 have a seat의 차이

> 두 표현에는 공손함의 차이가 있습니다. 각각 우리말 중 "앉아라"와 "자리 하시죠"
> 정도의 차이로 이해하세요.

# Time to go home now.
## 이제 집에 가자.

**It's getting late.** Time to go home now.

늦었네. 집에 가자.

**It's about time we went home.**

집에 갈 시간이야.

**Let's hit the road.**

자, 갑시다.

반려견들은 어린이들과 마찬가지로 밖에 나오면 늘 더 놀고 싶어 합니다. "It's about time we went home"이라는 문장에서는 go 대신 went를 썼지만 시제는 '현재'입니다.

이는 '가정법 과거' 문장이랍니다. 즉, '현재 사실의 반대'를 말하면서 '지금 출발하면 딱 맞는 시간'이라고 표현하는 것입니다. 이 문장을 직설법으로 풀면 "It is about time if we go home"이 되고, 이를 가정법으로 바꾸면 "It would be right time if we went home"이 되지요.

#12의 설명을 들어보세요!

# #12

# 감사 표현

# Thank you for everything.
## 여러모로 감사해요.

**Thank you** so much for your kindness.

진심으로 감사느려요.

**Thank you** for everything.

여러 가지로 감사합니다.

**Thank you** just the same.

아무튼 감사합니다. ————————————— 상대에게 부탁한 일이 거절되었거나 잘 안 되었을 때 '결과를 떠나서 감사한다'는 뜻이에요.

**Thank you** for the compliment.

칭찬해 주셔서 감사해요.

① A: **Thank you** for your trouble.

　　수고해 주셔서 감사합니다.

　 B: You are welcome.

　　천만에요. ————————————— Thank you~에 대한 가장 일반적인 응답 표현이에요.

② A: Thank you for your time.

시간 내줘서 감사해요.

B: The pleasure is mine.

오히려 제가 좋았어요. ————————| 상대로부터 고맙다는 말을 듣고 "아 니, 오히려 제가 더"라고 하는 표현이 에요.

③ A: I appreciate your kindness.

친절에 감사드립니다.

B: I am glad I could be of any help to you.

적게나마 도움이 되셨다니 기뻐요. ————| 격식을 갖출 필요가 있을 때 쓰는 고급스런 말입니다.

trouble 수고 | compliment 칭찬('보충'이라는 뜻인 complement와 혼동하지 마세요)

appreciate 감사하다

반려견과의 대화에서도 "고마워", "감사해"와 같은 말이 많이 사용됩니다.

우리는 살아가면서 한 번쯤, 혹은 아주 가끔 진심을 담은 감사 표현을 하고 싶을 때가 있습니다. 제 경우는 저의 반려견 벤에게 늘 그런 마음을 갖고 있습니다. 비록 인간의 언어를 알아듣지 못해도 주인의 진심은 전해집니다. 이때 다음과 같은 근사한 표현을 사용해 감사한 마음을 전해봅시다.

**I owe a debt of gratitude to Ben.**

저는 벤에게 진심으로 고맙게 생각하고 있습니다.

여러분도 영어로 감사의 문자나 메일을 보낼 때 사용해 보시기 바랍니다.

**'고맙다'는 표현의 다양한 용례를 알아볼까요?**

- Thanks. 고마워요.
  ↳ "Thanks a lot"의 줄임말입니다.

- A: Don't worry. I'll pick up the kids for you. 걱정 마. 애들은 내가 픽업할게.

  B: Will you? Thanks a million. 진짜? 정말로 고마워.
  ↳ "Thanks a million"은 직역하면 "백만 달러어치만큼 감사해요"라고 해석할 수 있는데, "진짜, 정말로 감사해요"라는 뜻입니다.

- Thank you for your concern. 신경 써줘서 고마워.

- I appreciate it very much. 너무 감사합니다.

concern 걱정, 관심, 배려

🐾 **한국인들이 잘못 알고 있는 Thank you의 사용법**

한국 사람들은 "고맙다"라는 말을 영어로 할 때 "Thank you very much"로 끝내는 경우가 많아요. 그러나 상대방에게 진심으로 고맙다는 뜻을 전할 때는 반드시 "Thank you very much for~"라고 해야 합니다. 일상에서 가볍게 표현할 땐 "Thanks", "Thank you" 정도면 충분하겠지요.

그 밖에 나를 위해 수고(시간 비용 등)를 아끼지 않은 경우에는 반드시 구체적으로 고마운 내용을 'for + ~'로 표현하세요.

예) • Thank you for lending me money. 돈 빌려줘서 고마워요.
  • Thank you so much for taking care of my puppy. 강아지를 돌봐줘서 고마워요.
  • Thank you for the ride. 차 태워줘서 감사해요.

그런데 for 뒤에 나오는 말을 상황에 따라 떠올리기가 힘들 수가 있겠죠? 그때는 "Thank you so much for your kindness"라고 하면 만사형통입니다.

# #13

# 사과하기

# I'm sorry, I'm late.

## 늦어서 미안합니다.

**I'm sorry I've troubled you.**

폐 끼쳐서 미안합니다.

**I'm ever so sorry.**

너무나 미안합니다.

**My intentions were good.**

전혀 그럴 의도가 아니었어요. ——————— '매우 죄송합니다'라는 뜻을 가진 정
중한 사과 표현이에요. "내 의도는 좋
았습니다"는 오역입니다.

**I'm so sorry I was so careless.**

제가 너무 부주의했어요.

**I'm sorry to have kept you waiting so long.**

오래 기다리게 해서 죄송합니다.

**I am terribly sorry.**

정말 미안합니다.

# I beg your pardon.

미안합니다. ─────────────── 끝의 억양을 올리면 "다시 말씀해 주실래요?"가 됩니다.

trouble 폐 끼치다 | intention 의도 | careless 경솔한, 부주의한

keep ~ waiting ~를 기다리게 하다 | terribly 몹시, 매우

🐾 끔찍하고 무서운 것에 '-ly'가 붙으면?

terrible(끔찍한)과 awful(무서운)이 -ly가 붙어서 부사가 되면 뜻이 '매우', '몹시'로 달라져요. terribly와 awfully는 very보다 강하게 sorry를 수식한답니다.

#14의 설명을 들어보세요!

# #14

# Go로 시작하는 표현

# Go ahead.
## 어서 해.

A: Daddy, I have a question.

아빠, 질문이 있어요.

B: OK. Go ahead.

응, 어서 해봐.

A: Shall we go to the movie? I want to see *Beethoven*.

영화 보러 가실래요? 〈베토벤〉을 보고 싶어요.

Go ahead. I will catch you up.

먼저 가. 뒤따라갈게. ──── 반려견은 앞서가다가 습관적으로 뒤
를 보며 주인이 오는지 확인합니다.
이때 쓸 수 있어요.

"Go ahead"는 "앞으로 가"라고 당연하게 쓰는 말이고요, 질문 등을 받고 "말해봐", "어서 해"라고 할 때도 써요. go는 '가다' 외에 '하다'라는 뜻도 있습니다. ahead는 '앞으로' 외에 '어서'라는 의미로도 쓰입니다.

"Go ahead"처럼, 반려견에게는 "기다려(Wait)", "손(Shake hands)", "하이 파이브(Hi-five)" 등 명령문을 사용한답니다.

## 🐾 반려견과의 대화는 간단명료하게!

반려견과 대화할 때는 간단명료하게 하는 것이 좋습니다. 주인이 길게 얘기해도 반려견은 이해하지 못하기 때문이랍니다.

단, 이 책은 **반려견과 함께하는 Family English**이므로 가족 간의 대화도 염두에 두었습니다. 그래서 조금 복잡하고 긴 문장도 담았어요. 연령대에 맞게 부모와 자녀가 함께 익혀주세요.

# Go easy on my puppy.
### 강아지를 살살 다루세요.

Go easy on **Minky.**
밍키는 살살 다뤄주세요.

Go easy on **babies. They are just 2 years old.**
아기들 살살 들어주세요. 두 살배기들이에요.

Go easy on **my legs. I got an accident.**
내 다리 조심해서 다뤄주세요. 사고 났었거든요.

easy on~ ~을 살살 다루다

견주들 중에는 사회성을 키워주기 위해 억지춘향으로 반려견을 다른 강아지와 인사시키는 경우가 있어요. 하지만 이는 좋지 않다고 합니다. 사람도 싫은 사람 억지로 소개하면 반감이 생기지요? 반려견도 마찬가지입니다. 특히 체형 차이가 눈에 띄는 경우는 더욱 조심해야 합니다. 자기들끼리 자연스럽게 친해지는지 꼭 세심하게 살펴보세요.

또 한 가지, "Go easy on other puppies(다른 강아지들에게 들이대지 말아라)"라는 표현도 놀이터 등에서 여러분의 반려견에게 써보세요.

**Go easy를 다른 상황에 써볼까요?**

- Go easy on the mayo. 마요네즈 너무 많이 넣지 마요.
- Go easy on the sugar. 설탕은 적당히 섭취하세요.

말썽을 많이 피우는 아이를 혼내는 부모님께 "너무 나무라지 마세요. 어릴 때는 다
그래요"라고 말하려면 "Let's go easy on him/her. He/She is just a child"라고
해요. 이처럼 '관대하게 봐주세요'라는 표현을 쓸 때에는 'go easy on~'을 씁니다.

# Go for broke.
## 전부를 걸다/이판사판이야.

A: **Why are you so nervous?**

왜 초조해하니?

B: **I have a job interview tomorrow.**

내일 면접이 있어요.

A: **Relax. Go for broke.**

최선을 다해봐.

**I am going to** go for a broke.

죽기 살기로 해보려고요. ————————————— | 올림픽 같은 중요한 대회에 임하는
선수들이 각오를 할 때 많이 씁니다.

nervous 초조한 | job interview 취업 면접

relax 긴장을 풀다 | broke 빈털터리

go for broke는 '기를 쓰고 버티다', '한 가지 목표를 위해 모험을 하다'라는 뜻입니다. 원래는 도박을 할 때 '파산에 이를 때까지 끝장을 본다'는 뜻이었는데, 이것이 어떤 일을 끝까지 성사시킨다는 의미로도 쓰이게 된 것이지요.

## 🐾 돈이 하나도 없을 때 쓸 수 있는 말은?

I am flat broke. 완전 빈털터리야.

flat은 '(지갑에 돈이 없어서) 납작한 상태'를 말합니다. 따라서 flat broke는 '땡전 한 닢 없다'라는 의미가 됩니다.

# Go and get it.

## 가서 가져와.

**Hurry!** Go and get it.

서둘러! 가서 가져와.

**There's a package outside.** Go and get it.

밖에 소포가 있어요. 가져와요.

**When can I** go and get it?

언제 찾으러 갈까요? ——————— 세탁물이나 경비실에 맡긴 택배를 찾을 때 주로 써요.

"Go and get it"은 반려견과 공놀이(fetching)를 할 때 주로 쓰는 표현입니다. 공을 던진 뒤 "Ben, go and get it"이라고 하면 "벤, 어서 가서 갖고 와"라는 뜻이 됩니다. 발음은 '고 앤 게릿'이라고 하세요.

🐾 **반려견을 칭찬할 때**

> 공놀이를 하며 "잘했어", "수고했어"라고 칭찬할 때는 남녀(암수)를 구분해서 "Atta boy", "Atta girl"이라고 해주세요. 뒤에 "Nice job"이나 "Good job"을 붙여줘도 좋아요. 또, atta의 발음은 '애터'가 아니라 '애러'라고 해주세요.

#15의 설명을 들어보세요!

# #15

# 안부인사하기

# I'm glad to meet you.
## 만나서 반갑구나.

I'm glad to meet you.

만나서 반갑구나. ———————— ————————| 처음 만난 반려견에게 사용해 보세요.

I am glad to see you again.

다시 만나서 반가워.

Nice to meet you.

처음 뵙겠습니다.

처음 만난 상대에게는 주로 meet를 쓰지만 두 번째 만날 때는 see를 많이 써요. 반려견을 오랫동안 보지 못하다가 오랜만에 만났거나, 친척 집을 방문했을 때 만난 그곳의 강아지에게 "I am glad to see you again"이라고 인사해 봅시다.

## 🐾 비가 오나 눈이 오나 Good morning/afternoon/evening!

- Good morning. 안녕?(아침)
- Good afternoon. 안녕?(낮)
- Good evening. 안녕?(저녁)

Good morning/afternoon/evening은 비가 오나 눈이 오나 날씨와 상관없이 쓰여요.

## 🐾 Nice meeting you!

Nice meeting you! 오늘 즐거웠어!

만남을 가진 후 헤어지면서 만나서 반가웠다고 인사를 할 때 써요. "It has been nice meeting you"의 줄임말이랍니다.

# Hi, there
## 어이, 잘 있었어?

① **A: Hi, there.**

어이, 잘 있었어요? ──────────────

**B: Same here.**

여전해요.

> 이 표현을 단독으로 써도 좋고
> "Hi, there. How is it going?"처럼
> 다른 인사말과 함께 써도 좋아요.

② **A: Hello, there.**

어이/야. ───────────────── 친근한 사이에 쓰는 인사말입니다.

**B: Hi.**

안녕.

"Hi"와 "Hi, there"의 차이는 무엇일까요? 정답은 후자가 좀 더 친근하다는 것입니다. "Hi"가 단순히 "안녕?"이라는 표현이라면 "Hi, there"는 "어이, 잘 있었수?"라고 하는 표현입니다.

또, 친구가 전화를 걸어와서 "Hi, there, Tom(톰, 요즘 어때?)"라고 할 때 "나도 똑같아"라고 대답할 수 있겠죠? 이때 대답은 "Same here"가 됩니다.

## ✿ "Hi, there"는 친한 사이에 쓰는 인사!

Hi, there! How are you doing? 안녕! 어떻게 지내요?

"How are you?", "Fine, thank you"는 너무 형식적이죠? 친한 사이에는 "Hi, there"
라는, 친근미가 넘치는 인사를 쓸 수 있어요.


## ✿ 인사말 Hi에 대한 편견

한때 미국에서 Hi라고 인사하면 어른들이 싫어한다, 실례다 하는 등의 소문이 많
이 있었죠. 하지만 절대 그렇지 않습니다. Hi를 다정하게 발음하면 아주 친근한 인
사가 됩니다. 남녀노소 전부 애용하는 표현이죠. 단, Hi와 함께 다른 표현을 곁들
이면 좋습니다.

예) • Hi, Jane! How are you? 안녕, 제인. 요즘 (형편이) 어때?

   • Hi, folks. Everything is OK? 안녕, 여러분. 다 잘되고 있지요?

# Long time no see.
## 오랜만이야.

Long time no see.
오랜만이야.

**It's been a long time since I saw you.**

참 오랜만이네요. ————————————————— "Long time no see"보다 좀 더 격식을 갖춘 표현입니다.

Long time no see. **What's new?**

오랜만이야. 잘 지내지? ———————— "What's new?"를 구태여 "무엇이 새롭니?"라고 번역하지 마세요. 단순한 안부 인사입니다.

**I haven't seen you for ages. How have you been?**

정말 오랜만이야. 어떻게 지냈어?

ages 세월, 오랜 기간

어떤 분들은 이 표현을 '콩글리시 아닌가?' 하고 의문을 품을 수도 있습니다. 도무지 주어와 동사가 구분되지 않기 때문입니다. 정상적인 문법 패턴을 벗어났기 때문이죠. 그러나 실용 영어에서는 흔한 경우입니다.

"Long time no see"는 다른 인사말과 연계시켜도 자연스러워요.

**오랜만에 볼 때 쓸 수 있는 다른 표현에는 무엇이 있을까요?**

- It's been forever. 이거 얼마만이야.
- It's been a while. 참 오랜만이야.
- I haven't seen you for ages. 오랜만에 뵙겠습니다.

while 일정 기간 | forever 영원히 | ages 세월

유튜브를 보면 이라크에 파견되었던 병사가 고향집에 돌아오자 반려견이 좋아서 '이리저리 날뛰는' 영상을 찾을 수 있습니다. 그때 군인이 하는 말을 자세히 들어 보면, "It's been a while", "It's been forever"와 같이 말하지요. 두 표현 모두 "참 오랜만이야"라는 뜻입니다.

# How's everything?
## 잘 지냈지?

**How's everything?**

잘 지냈지?

**How is everything going?**

잘되고 있나요? ———————— | 여기서 going은 '가다'가 아니고 '되다', '이뤄지다'라는 뜻입니다.

**How's your work?**

하는 일은 잘되고?

**How is your life getting on?**

그동안 잘 있었니?

work 일, 직업

"How's everything?"은 "How are you?"의 변형입니다. 주로 앞에 Hello나 Hi 등과 함께 쓰여요. "How's your work?"에서 work는 '직업'이라는 뜻인데, 반려견에게 무슨 직업이냐 하겠지만, 오랜만에 만난 친구에게 쓰는 영어 표현이므로 반려견에게도 함께 쓰면서 익혀보세요.

친근하게 안부를 묻는 말에는 여러 가지가 있습니다. 예를 들어 방학 때

단기 해외 어학연수를 다녀온 가족이 강아지를 만나서 "벤, 그동안 잘 있었
니?"라고 반가움을 친근하게 표현하고 싶으면 "Hi, Ben. How's your life
getting on?"이라고 하면 됩니다.


더 보기 **안부 인사를 받으면 어떻게 대답할까요?**

How are you getting along? 어떻게 지내세요?
↳ I am getting on well. 잘 지내요.
↳ So so. 그저 그래요.
↳ Here and there. (왔다 갔다) 잘 지내요.

get along 해 나가다, 살아가다

안부인사에 대한 대답은 "I am fine" 외에 실로 다양합니다. "I am OK"같이 간단히
할 수도 있고, "So so"나 "Here and there"라고 해도 좋아요.


🐾 Same as usual.

A: How's your work getting on? 잘되고 있지?
B: Same as usual. 그냥 그저 그래.

"Same as usual(늘 같죠 뭐)"은 상대방의 안부 인사에 대해 "I'm fine thank you
and you?"라고 하는 공식적인 대답보다 훨씬 자연스러운 표현입니다.
월요일에 학교나 일터에서 친구를 만나면 한결같이 "How was your weekend?",
"What did you do during your weekend?"라고 묻는데, 두 표현 모두 "주말 잘 보
냈어?"라는 뜻입니다. 이때 당황하지 말고 "Same as usual"이라고 하면, "늘 똑같
죠 뭐"라고 하는 자연스러운 뜻이 전달됩니다.

## 🐾 How is~?를 활용한 영어 표현

How is~?는 안부를 묻는 유용한 패턴입니다.

"How is your puppy?"는 "강아지 잘 있어요?"가 됩니다. 기족들의 안부를 묻고 싶으면 "How is your son?" 또는 "How is your mother?"를 사용하세요.

뭐니 뭐니 해도 가장 많이 쓰이는 곳은 공항입니다. 여행을 마치고 돌아오는 지인에게 "How was your trip?(여행 어땠어요?)"혹은 "How was the flight?(비행기 잘 타고 왔느냐?)"라고 물어보세요. 이때 대답은 "I enjoyed a lot" 혹은 "It was wonderful" 등으로 하면 됩니다.

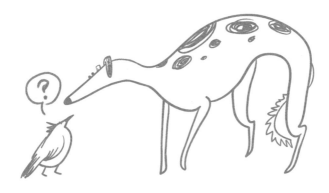

#16의 설명을 들어보세요!

# #16

# 날씨 이야기

# Nice day, isn't it?
## 날이 좋네, 그렇지?

**Nice day, isn't it?**

날이 좋네, 그렇지?

**It's sunny.**

날씨가 좋아요.

**I hope it will last.**

이 날씨가 계속되면 좋겠어. ——————————| 날씨가 좋은 날에 쓰는 표현입니다.

**I hope it won't last.**

이 날씨는 빨리 끝나면 좋겠어. ——————————| 좋지 않은 날씨가 바뀌기를 바랄 때
써요.

반려견과의 산책 시 가장 신경 쓰이는 부분이 날씨입니다. 비단 강아지와
의 대화뿐 아니라 일상에서 외국인과 만났을 때에도 가장 부담 없는 화제
가 날씨임을 잊지 맙시다.

　헤어질 때도 "Have a nice day"라는 인사가 가장 무난합니다. 뜻은 "수고
하세요"입니다.

# I feel refreshed.

## 기분이 상쾌하군.

**It's nice weather. I feel refreshed.**

날씨가 좋으니 기분이 상쾌하군.

**It does make a change.**

기분이 확 달라지네요. ——————————— 화창한 날에 "기분 좋아요"라는 뜻으로 써요.

**It's rainy.**

비가 와요.

**It is raining cats and dogs.**

비가 엄청 오네요. ——————————— 뚜렷한 유래는 없는데 '개와 고양이가 싸우듯 비가 온다'고 해요.

**It's pouring.**

비가 퍼붓네요.

**It never rains without pouring.**

불행은 겹쳐 온다(설상가상). ——————————— 비가 오는 것도 모자라 폭우까지 내리니까 설상가상이지요.

refresh 기분이 상쾌하다 | refreshment 청량음료

# It's boiling hot.
## 찐다, 쪄.

It's boiling hot. **I'm going to swim.**

푹푹 찐다, 쪄. 수영장에 갈 거야.

## It's a sizzler.

너무 더워요.

## Looks like another sizzler today.

오늘도 푹푹 찌겠구먼.

## It is a scorcher today.

오늘 무척 덥네.

## It is rather hot today.

오늘 약간 덥네요.

## It is very mild.

따뜻하네요.

## It is little warm.

좀 더운데요. ——————————————————| warm은 mild보다 더운 날씨입니다.

**sizzler** 몹시 더운 날 | **scorcher** (모든 걸 태울 듯이) 더운 날 | **rather** 약간

boiling hot은 '삶듯이 더운', '푹푹 찌는 더위'를 말합니다.

　한때 한국에서 인기 있던 미국 스테이크 체인점 중 시즐러(Sizzler)라는 곳이 있었어요. 불에 달군 석쇠에 스테이크가 '지글지글' 소리를 내며 제공되었답니다.

# It's cloudy today.
## 오늘은 구름이 꼈네.

**It is cloudy.**

구름이 꼈어요.

**It is partly cloudy today.**

오늘 때때로 흐린 날씨입니다.

**The cloudy weather depressed me.**

흐린 날씨가 날 우울하게 해요.

**Tonight will be cloudy.**

오늘 밤은 흐리겠습니다.

depress 우울하게 하다

## 🐾 '고진감래'를 영어로 한다면?

Every cloud has a silver lining이라고 해요. '모든 구름의 뒤편은 은빛으로 빛난다'로 번역할 수 있습니다. '고생 끝에 낙이 온다'라는 뜻이지요. 영국의 작가 존 밀턴(John Milton)이 처음 쓴 표현이랍니다. silver lining은 '구름의 환한 언저리', '밝은 희망'을 뜻합니다.

또 한 가지. Every moon has a shadow(모든 달은 그림자가 있다)라는 말도 있어요. 겉으로는 화려해 보여도 누구에게나 어두운 그림자(고민)는 있다는 뜻이지요. 이 말은 미국의 소설가 마크 트웨인(Mark Twain)이 했어요.

# It's getting dark.
## 어두워지네.

**It's getting dark. Let's hurry to go home.**

어두워진다. 서둘러 집에 가자. ——————————— 반려견과 산책 중에 날이 어두워져서
집으로 서둘러 가야 할 때 씁니다.

**It's getting bright.**

환해지고 있어.

**It's getting late. Let's rustle our bustle.**

늦었다. 바짝 서두르자.

**It's getting more and more difficult.**

점점 더 어려워져요.

bright 환한 | rustle 서둘러 ~하다 | bustle 서두름, 부산함
rustle one's bustle ~를 척척 해내다 | get more and more~ 점점 더 ~하다

'점점 더 ~하다'는 It is getting을 씁니다. 또 "날씨가 점점 더 더워지네요"
라고 하려면 "It is getting hotter and hotter"라고 하면 됩니다.

# It's likely to rain today.
## 오늘 비올 것 같아.

**It's likely to rain today.**

오늘 비올 것 같아.

**It's likely to snow.**

눈 올 것 같아요.

**It's likely to be very foggy.**

안개가 많이 낄 것 같아요.

**It's likely to sprinkle.**

비가 뿌릴 거 같아요.

**It's likely to be hot today.**

오늘 무척 덥겠어.

**It's likely to shower this afternoon.**

오후에 소나기가 올 것 같아.

sprinkle (비가) 약간 뿌리다, 보슬보슬 오다 | shower 소나기가 내리다
foggy 안개 낀 | likely to~ (주로 날씨에 관해 말할 때) ~할 듯하다

'금방이라도 ~할 것 같다'를 영어로 말하고 싶다면 It's likely to~를 사용하세요.

# What's the weather like today?
## 오늘 날씨가 어떤지 궁금하네?

**What's the weather like today in LA?**

LA의 날씨는 어때요?

**What did the weatherman say today?**

오늘 일기 예보 어땠어?

**What's today's weather going to be like?**

오늘 날씨 어떨 것 같아?


반려견과 산책을 나갈 때 반드시 확인하는 것이 날씨입니다. 제 경우, 벤을 키우기 전에는 날씨에 큰 관심이 없었는데 요즘은 아침에 눈을 뜨면 습관처럼 '오늘의 날씨'를 확인합니다.

또, 외국인을 처음 만나면 어떤 이야기를 하세요? 직업이나 나이 등을 묻는 것은 좀 실례겠죠? 제일 무난한 것은 날씨입니다. 가령, 네팔 친구라면 "What's the wheather like in Nepal?(네팔 날씨는 어때요?)"이라고 하면 됩니다.

# Fine dust concentration is very bad.

**미세먼지 농도가 아주 나빠.**

Today's fine dust concentration is very bad.

오늘 미세먼지 농도가 아주 나빠.

## Breathing fine dust is very harmful for our health.

미세먼지를 마시는 건 건강에 해로워요.

## Ultra fine particles are very dangerous.

초미세먼지는 매우 위험해.

> fine dust 미세먼지 | concentration 농도 | ultra fine particle 초미세먼지
> harmful 해로운 | particles 미립자, 소립자 | dangerous 위험한

요즈음은 미세먼지(초미세먼지)에도 관심을 많이 가지므로 대화에 필요한 단어를 익혀 놓으면 좋습니다.

날씨가 나쁠 때는 "Terrible day, isn't it?(날씨가 참 엉망이지요?)" 하고 인사말처럼 꺼내도 좋아요.

#17의 설명을 들어보세요!

# #17

# 허락 얻기

# May I ask a favor of you?
## 부탁 한 가지 해도 될까요?

### May I ask a favor of you?
부탁 한 가지 해도 될까요?

### May I leave my things here for a while?
제 물건 좀 잠깐 맡길 수 있나요? ——————— 호텔에서 체크아웃 후 공항에 가기 전까지 시내 관광을 하려고 할 때 짐을 맡기며 쓸 수 있습니다.

### Can I borrow your pen?
펜 좀 빌릴 수 있나요?

### I wonder if I could use your phone.
전화기 좀 쓸 수 있을까요? ——————— Can I~?보다 공손한 표현입니다.

favor 부탁 | borrow 빌리다 | lend 빌려주다

---

**더 보기** 남이 안 좋아할 것 같은 행동을 하고 싶을 때는 어떻게 말할까요?

> Do you mind if I smoke? 담배 피워도 돼요?
>
> mind(싫어하다 걱정하다)는 단어 자체에 부정적인 의미가 있어요. No, I don't mind(아뇨, 싫지 않아요)나 Yes, I do mind(네, 싫어요)라고 대답합니다.

이 책에 있는 내용들은 여러분이 반려견과 나누는 '가상의 대화'를 중심으로 온 가족이 함께 익힐 수 있는 Family English를 목표로 했습니다. 따라서 초급부터 중급에 이르기까지 다양한 표현을 소개하고 있습니다.

부모님과 자녀, 대학생 이모 삼촌과 조카가 함께 익히며 즐거운 시간을 가지시길 바랍니다. 가령 흡연자인 아빠가 자녀들 앞에서 "Do you mind if I smoke?"하고 허락을 구해 볼 수 있겠지요? 대답은 자녀들의 몫입니다.

# Can I take the wheel?
## 제가 운전할까요?

**Can I take the wheel?**

내기 운전할까요?

**Can I borrow a dime?**

10센트만 빌려줄래요?

**Can I come in?**

들어가도 돼요?

**Can I use the bathroom?**

화장실 좀 써도 돼요?

take the wheel 운전하다, 핸들을 잡다 ㅣ dime 10센트

Can I~?는 허락을 구할 때 써요. 가령 "Can I ask your name?" 하면 "성함 여쭤봐도 돼요?"라고 해석할 수 있습니다. "What's your name?"보다 공손한 표현입니다.

## 🐾 핸들(handle)은 콩글리시인가요?

운전대를 handle이라고 하는 것은 콩글리시에 해당합니다. 실제로는 steering wheel이 맞습니다. 줄여서 wheel이라고도 하지요.

예) • The steering wheel is broken. 운전대가 고장났어요.

   • Keep both hands on the steering wheel. 두 손을 항상 운전대에 놓으세요.

## 🐾 미국에서 주로 사용하는 동전을 알아볼까요?

penny 1센트

nickel 5센트

dime 10센트

quarter 25센트

# Is it OK if I borrow your chair?
## 의자 좀 빌려도 될까요?

**Is it OK if I borrow your chair?**

의자 좀 빌려도 될까요?

**Is it alright if I leave little early?**

조금 일찍 나가도 돼요? ——————————— OK 대신 alright로 바꿔도 좋아요.

**Is it OK for me to go for a ride?**

차 타고 나가도 돼요?

**Would it be OK if I used your phone?**

전화기 좀 써도 될까요? ————— 주절에 과거형(would)을 썼으므로 조
건절에도 과거형(used)를 씁니다. 시
제는 현재입니다(가정법).

go for a ride  차를 몰다

Can I~?와 마찬가지로 Is it OK if I~? 역시 '상대방의 허락을 구할 때' 쓸 수
있습니다.

예) **Is it OK if I touch you puppy?**  강아지 좀 만져봐도 돼요?
　　**Is it OK if I leave little early?**  조금 일찍 떠나도 괜찮을까요?
　　**Is it OK if I use your chair?**  의자 좀 써도 될까요?

**더 보기** 상대방의 부탁을 들어줄 때 쓰는 표현을 알아볼까요?

- Yes, of course. 그럼요, 물론이죠.
- Why not? 못할 거 없죠.
- It's OK with me. 좋아요.
- That's fine with me. (좀 더 예의 바른 표현) 전 좋습니다.

#18의 설명을 들어보세요!

# #18

# 권유하기

# Would you like a cup of coffee?
## 커피 한잔 하실래요?

Would you like some coffee?

커피 한잔 하실래요?

**Would you like to have some tea?**

차 좀 드릴까요?

**I would like some spaghetti.**

스파게티가 먹고 싶어요.

**I would like to have some Chinese food.**

중국 음식이 먹고 싶어요.

Would you like to~와 Would you like~를 잘 구분합시다. 전자는 to + 동사원형이 오지만, 후자는 곧바로 명사가 옵니다.

**상대방에게 제공(offering)할 때 쓰는 표현을 더 알아볼까요?**

- Would you like some milk? 우유 좀 드릴까요?
- Can I get you some drink? 마실 것 좀 드릴까요?
- If you want, I could give you some water. 원하시면 물 좀 드리겠습니다.

# How about that?
## 저건 어때?

### How about **that?**
저긴 이때요?

### What about **going to a movie?**
영화 보러 가는 거 어때요?

### What do you say to **going out for a walk?**
산책 가는 거 어때요?

### **I am gong out for pizza,** what do you say?
저 피자 먹으러 가요. 같이 가는 거 어때요? ── | 이처럼 What do you say를 뒤에 써<br>도 좋습니다.

상대방의 의견을 묻는 표현을 사용할 때는 How about과 What about 뒤에 명사(동명사)가 옵니다. '~하는 거 어때요?' 하고 권유하는 것이지요. 상대방의 의사를 타진하는 건데요, 윗사람에게 쓰는 것은 적절하지 않습니다. 친근한 분위기에 쓰여요.

What do you say to~는 '~에 대해 뭐라고 얘기해?'가 아니고 How about~과 같은 뜻으로, '~하는 거 어때요?'라는 의미입니다. 초면일 때 또는 윗사람에게 쓰면 좋습니다.

# Let me treat you to a drink.
## 한잔 살게요.

**Let me treat you to a drink.**

한잔 살게요.

**Let me treat you to a nice buffet tonight.**

오늘 밤 멋진 뷔페로 모실게요. ——————

극진한 대접을 할 때 쓰는 표현이 treat입니다. 우리말로 '접대하다, 대접하다'라는 뜻입니다.

**Let's get together some time.**

언제 한번 만납시다.

**Let you and me go for a ride.**

함께 드라이브하러 갈까요? ——————

let's보다 let you and me 로 쓰면 '너랑 나랑'의 뉘앙스가 강하게 느껴져요.

**Let's you and me shove off as soon as possible.**

가능한 한 빨리 떠나요.

**Let me take you to Busan.**

부산까지 데려다 드릴게요.

treat (극진하게) 대접하다, 접대하다 ㅣ get together 만나다
shove off 떠나다(leave) ㅣ as soon as possible 가능한 한 빨리

Let me~는 '제가 ~하겠습니다'라는 뜻입니다. 자기소개를 할 때에는 "Let me introduce myself to you(제 소개를 하겠습니다)"라고 하지요? "I will introduce myself"라고 한다면 "나를 소개할게"가 되겠지요.

### 🐾 "이게 웬 떡이야!"는 영어로 어떻게 말할까요?

What a treat! 이게 웬 떡이야!

"이게 웬 떡이야!"는 영어로 어떻게 말할까요? 비로 "What a treat!"라고 합니다. 여기서 treat는 '뜻밖의 선물'입니다. 가령 배차 시간이 30분인 버스를 단 1~2분만 기다리고 탔을 때, "What a treat"라고 하면 됩니다.
또, 카페에 갔는데 쿠폰에 도장이 10개 찍혔다고 커피를 공짜로 준다면? "What a treat!(어이쿠, 횡재했네!)"라고 쓴답니다.

# I'll tell you what.
## 내게 좋은 생각이 있어.

A: I'm sick and tired of staying at home all day.

온종일 집에 있으니까 너무 지겨워.

B: What do we do?

뭘 하지?

A: I will tell you what.

좋은 생각이 있어.

B: What is it?

뭔데?

A: Let's go to the movie.

영화관에 가자.

B: I like it.

좋아.

sick and tired of~ ~를 지겨워하다

영어표현은 생략이 많아요. "I will tell you what"은 "I will tell you what it is"라는 문장에서 it is가 생략되어 있어요. 의미는 "구체적으로 얘기해 주겠다"입니다. 줄어든 문장만 보고 "난 네게 무엇을 얘기할게"라고 해석하면 어색합니다.

**더 보기** **what 대신 how를 넣으면 어떤 대화가 될까요?**

- I will tell you how. 내가 방법을 알려줄게요.
  ↳ 이 표현도 how 뒤에 구체적인 문장이 생략되어 있어요.

- A: How can I get to Gangnam station? 강남역 어떻게 가죠?
  B: I will tell you how. 방법을 알려줄게요.
  ↳ B의 답변은 how 뒤에 you get to Gangnam station이 생략되어 있어요.

- I will tell you why. 이유를 알려줄게.
  ↳ 이유를 알려줄 때는 why로 바꾸어 붙이면 됩니다.

#19의 설명을 들어보세요!

# #19

# 충고하기

# You'd better be careful.
## 조심해야 돼.

You'd better be careful.

조심해야 돼.

You'd better **stop smoking.**

담배는 끊으셔야죠.

You'd better **wear the mask.**

마스크는 꼭 쓰세요.

You'd better not **enter the shop with your puppy.**

강아지를 데리고 가게에 들어가지 마세요.

You'd better not **hurry.**

서두르지 마세요.

You'd better not **be so pessimistic. It will be gone.**

비관할 거 없어. 금방 지나갈 거야.

pessimistic 비관적인(반대말은 optimistic)

You'd better~는 You had better~의 축약형입니다. 여기서 had는 have의 과거형이 아니고 had better라는 조동사의 한 부분입니다. '~하는 게 좋겠어', '~하는 게 좋을 거야'라고 충고할 때 씁니다. You'd better 뒤에는 반드시 동사의 원형이 나와요.

서양인들은 타인이 자신의 사생활에 관여하는 것을 싫어합니다. 따라서 충고는 '아주 조심스럽게' 해야 합니다.

사랑하는 반려견들에게 자주 써보세요. 저도 매일 애용합니다. 특히 횡단보도 건널 때 벤이 서두르면 "Ben, You'd better not hurry. Take your time(벤, 서두르지 마. 여유 있게 해)"라고 합니다.

## 🐾 문법 위주의 학습은 해가 되나요?

전혀 그렇지 않습니다. 하지만 문법에만 100% 치우치면 문제가 됩니다.
'had better + 동사원형'을 단순히 '~하는 편이 낫다'라고 이해하고 "You'd better go home(집에 가는 편이 낫다)" 등의 예문을 외우는 방식을 '문법 위주 학습(skill building)'이라고 합니다.
제가 받는 질문 중 가장 자주 듣는 것이 "학원에서 영단어를 매일 10개씩 외우라고 시키는데 소용없지요?"입니다. 연구 결과에 의하면 95%의 학생들이 문법·단어 학습 위주의 영어 공부에 지루함을 느낍니다. 따라서 내용 이해 위주의 학습(comprehemsible input)이 병행되면 좋습니다. **한마디로 문법과 회화를 함께 공부하는 것이 이상적입니다.** 훗날 고급 회화를 하기 위해서는 탄탄한 문법 실력이 바탕이 되어줘야 하기 때문입니다.

# You could always stop smoking.
### 담배는 끊는 게 좋아.

A: **What's the matter? Are you sick?**

   왜 그래? 어디 아파?

B: **No, I keep coughing.**

   자주 기침이 나와서요.

A: You could always stop smoking.

   그래서 담배를 끊으라는 거야.

B: **Thank you for your kindness.**

   고마워요.

stop + 동명사 ~을 중단하다

위의 대화문에서는 could는 can의 과거형(~할 수 있었다)이 아니고 조동사로 쓰여서 '~할 수 있을 텐데요'라는 뜻입니다. 두 번째 문장에서도 could가 can의 과거형이 아니고 조동사 could로 쓰였습니다. 이 문장의 시제는 현재(가정법 과거)입니다. 때때로 이처럼 문법 지식도 필요한 법이지요.

**더 보기** **충고할 때 쓰는 다른 문장을 알아볼까요?**

- Hadn't you better go to the dentist? 치과에 가는 게 어때요?
  ↳ You could go~로 바꿀 수 있어요. Hadn't you better~?는 '~하는 게 좋지 않겠니?'라는 뜻입니다.
- Don't work so hard, or you'll crack up. 과로하지 마세요. 그러다 쓰러져요.

crack up 정신적·육체적으로 약해지다

🐾 **문장으로 알아보는 stop + 동명사와 stop + to부정사의 차이**

- I stopped drinking. 금주했다.
- I stopped to drink. 술 한잔 하기 위해 멈추었다.
- I advise you to quit drinking. 술을 끊는 게 좋을 텐데요.

stop + 동명사는 '~을 중단하다', stop + to부정사는 '~하기 위해 쉬다'라는 의미를 가집니다.

# If I were in your shoes…….
## 나라면 말이야…….

**If I were in your shoes**, I would talk it over with my Mom.
니라면 엄마와 의논할 텐데요.

**If you were in my shoes**, what would you do?
네가 나라면 어떻게 할 거야? ———————— 이 표현은 상대방의 충고를 원하는
표현입니다.

if I were in your position, I would learn Chinese.
내가 너라면 중국어를 배울 텐데…….

if I were in your shoes, I would raise a puppy.
나라면 강아지를 키울 텐데요.

talk it over; discuss 의논하다

'If I were in your shoes~'는 '내가 당신의 신발을 신고 있다면'이 아니고
'내가 네 입장이라면'이라고 번역합니다. 상대방에게 정중하게 충고할 때
씁니다.

- You will never get anywhere if you are so half hearted. 그렇게 성의가 없다면 결코 성공 못할 거야.
- You know better than to do something like that. Don't bother with what he said. 그런 짓을 할 만큼 바보는 아닐 텐데요. 그 사람 말에 신경 쓰지 마세요.

get anywhere 성공하다 | half hearted 무성의한 | bother 걱정하다

# #20

# 요구하기

# Can you pick me up?
## 차 좀 태워주시겠어요?

**Can you pick me up?**

차 좀 태워주시겠어요?

**What time will you pick me up?**

몇 시에 차로 데리러 올 거야?

**Can you help me out tomorrow?**

내일 저 좀 도와줄 수 있어요?

**Can you give me a ride tonight?**

오늘 밤 저를 자동차에 태워 주실래요?

**Can you ring me up tomorrow?**

내일 저한테 전화 걸어주시겠어요?

pick someone up ~를 태워주다 | help 돕다 | help out 도와서 해결하다
ride 탑승(영국에서는 lift라고 해요)

Can you~?는 상대방에게 요구할 때 쓰는 가장 일반적인 표현입니다. 가령 해외여행 중 식당에서 웨이터에게 여러 가지 부탁을 다음처럼 할 수 있습니다.

예) **Can you give me a menu?** 메뉴 좀 주실래요?

**Can you give me a bill?** 계산서 주시겠어요?

**Can you give me more coffee?** 커피 좀 더 주시겠어요?

🐾 **미국 적응 에피소드: 초기의 미국 이민자들은 빚을 많이 졌나요?**

1970년대, 한창 미국 이민 붐이 불었을 때의 에피소드입니다.

제가 처음 LA에 와서 말 적응을 하던 때, 아침에 이웃 교포들 사이에서 가장 많이 들리는 말이 "나 지금 빚 갚으러 가야 돼"였어요. 알고 보니 자녀를 픽업(pick-up) 하러 가는 걸 제가 '빚 갚으러' 가는 걸로 잘못 알아들은 것이지요. 실제 있었던 이야기랍니다.

# Would you do the dishes tonight?

## 오늘 밤 설거지 좀 해줄래요?

**Would you** do the dishes today?

오늘은 당신이 설거지 좀 해줄래요?

**Would you** lend me some dollars?

돈 좀 빌려줄래요?

**Would you mind** waiting a minute?

조금 기다리실래요? ———————————— | Would you mind ~ing?는 매우 공손
한 요청입니다.

**Would you** help me solve the math problem?

수학문제 푸는 거 도와줄래요?

math 수학 | solve 풀다

'설거지를 하다'는 wash the dishes라고 하지 않고 do the dishes라고 합니다. 물론 wash the dishes가 틀린 건 아닙니다. 다만 Merry X-mas를 Happy X-mas라 하면 어색하게 느껴지는 것처럼, 자연스러운 표현은 아닙니다. do the dishes는 '설거지하다', wash the dish는 '접시를 씻다'라는 뉘앙스로 이해하시면 됩니다.

## 🐾 영어에는 존댓말이 없다는데 사실인가요?

아닙니다. 영어에도 존댓말이 있습니다.

이름이나 나이를 물을 때 "What's your name?(이름이 뭐니?)", "How old are you?(몇 살이니?)"라고 하지요? 같은 내용을 정중하게 존댓말로 물어보려면 "Would you be so kind as to tell me your name(age)?"라고 하면 됩니다. 뜻은 "성함이(나이가) 어떻게 되세요?"입니다.

Would you ~ to?를 '질문의 기술'이라고 해요. 여기에는 다양한 표현이 있는데, 그중에서 Would you~?가 매우 정중한 요구에 쓰여서 한번 소개해 보았습니다. 해외여행 중 호텔이나 비행기에서 외국인 직원이나 승무원에게 꼭 다음과 같이 써 보세요.

Excuse me. Would you be so kind as to give me some more coffee?
혹시 커피 좀 더 주실 수 있나요?

# I was wondering
# if you could help me.
### 부탁이 한 가지 있어요.

**I was wondering if you could help me.**

부탁이 있습니다. ———————— "Can you help me?"를 공손하게 표현 한 것입니다.

**I was wondering if you could open the window.**

창문 좀 열어 주실래요? ———————— 택시 기사에게 부탁할 때 쓰세요.

**I was wondering if you could dance with me.**

저와 함께 춤을 추실 수 있나요? ———————— "Shall we dance?"보다 훨씬 부드럽지요?

**I was wondering if you could have some coffee with me.**

저랑 커피 한잔 하실래요?

**I was wondering if you could tell me your name.**

성함 좀 말씀해 주세요. ———————— 간단한 부탁이라면 Can you~?로 질문하세요.
예) Can you tell me your name?

**I was wondering of you could lend me your car.**

자동차를 빌려줄 수 있으신지요?

😸 부탁을 받아들이거나 거절할 때 쓸 수 있는 말에는 무엇이 있나요?

## 수락하기

- By all means. 아무렴요.
- Why not? 좋죠.
- Go ahead. 좋아요.
- Yes, of course! 물론이죠.

## 거절하기

- I'd like to, but I can't. 곤란한데요.
- I am afraid I can't. 미안하지만 안 되겠어요.
  ↳ 여기서 afraid는 '두렵다'가 아니고 '미안하다'는 뜻입니다.
- I wish I could but I can't. 도움이 못 돼서 미안해요.

#21의 설명을 들어보세요!

# #21

# 감탄하기

# How delicious!
## 야, 진짜 맛있다!

## How delicious!

아, 진짜 맛있다! ———————————————| "How delicious it is!"의 줄임말입니다.

## How nice!

정말 멋지군!

## How thoughtful!

배려가 깊으시네요!

## How cute!

너무 예뻐요!

## How kind!

친절하기도 하셔라!

## 😺 감탄문의 형식

놀라움을 나타내는 감탄문은 다음 두 가지 형식이 있어요.

**① How + 형용사 + 주어 + 동사**
- How cute your baby is. 아기가 너무 예뻐요.
- How kind your wife is. 아내가 매우 친절하시네요.

**② What + 관사 + 형용사 + 명사**
- What a nice surprise! 너무 놀라워요.
- What a beautiful house! 집이 너무 멋져요.

# What a pity!
## 어쩌면 좋아!

**What a pity!**

이쩌면 좋아!

**Poor thing! What happened to a stray dog?**

딱해라! 그 유기견은 어떻게 됐나요?

**What a surprise!**

놀랍네요!

**What a mess!**

엉망진창이군!

pity 불행한 일 ㅣ poor 불쌍하다, 딱하다

〈TV동물농장〉이라는 프로그램을 보면 종종 불쌍한 유기견의 이야기가 나오지요? "너무 딱하네. 어쩌면 좋아"라는 말이 절로 나옵니다. 이것을 영어로 말할 때는 "What a pity!"라고 하면 됩니다.

또, 상대의 처지를 동정할 때는 "Poor thing"이라고도 씁니다. thing은 여기서 '사람', '생물체'라는 뜻입니다. "Poor fellow"라고도 쓸 수 있어요.

## 🐾 말도 안 돼, 너무 안타까워!

> **What a shame!** 괘씸하군!
>
> 이 표현은 '매우 수치스런 일', '있어서는 안 되는 일'을 목격했을 때 쓰는 말입니다. 2022년 러시아의 우크라이나 침략에 관한 기사를 보거나 TV에서 전쟁을 피해서 탈출하는 우크라이나인들을 보면 "What a shame!"이라는 말이 절로 나옵니다. 2021년에 탈레반이 장악한 아프가니스탄을 볼 때도 마찬가지였답니다. 불쌍하고 측은한 장면을 보면 나오는 것이지요.

What a pity!

# What a goal!
## 너무나 멋진 골입니다!

**What a goal!**
너무나 멋진 골입니다!

**What a house!**
멋진 집이네요!

**What a design!**
디자인이 참 좋아요!

**What a puppy!**
강아지가 너무 멋져요!

감탄문의 용법 중 'what + a + 명사'가 긍정적인 의미로 쓰이는 경우도 같이 알아볼까요? EPL에서 손흥민 선수가 멋진 골을 넣을 때마다 현지의 중계석에서는 "What a goal! He is fantastic!"이라고 소리칩니다. "너무나 멋진 골이네요! 환상적이에요!"라는 뜻이지요. 또, "What a play!(너무나 멋진 플레이입니다!)"라는 표현을 쓰기도 합니다.

# Don't tell me.

## 설마 또?

**Really?**

설마? —————————— 억양을 올리느냐[surprise(놀람)] 내리
느냐[disappointed(실망)]에 따라 의
미가 달라요.

**Is that true?**

정말이야?

**You don't say so.**

말도 안 돼.

**You** don't tell me.

설마요.

"Don't tell me"를 직역하면 "나에게 말하지 마"입니다. 하지만 실생활에서
는 "설마, 또?"라는 의미를 가진, 실망했을 때 쓰는 표현입니다.

예) **Don't tell me you're broke again.** 설마 또 돈 없다는 건 아니겠지.

**Don't tell me you are getting divorced.** 설마 이혼하는 건 아니지?

# OMG!
## 맙소사!

**OMG! I forgot to bring my phone.**

이이쿠, 전화기를 놓고 왔네.

**Good gracious!**

이런, 어쩌지? —————————————— 이 표현은 실망했을 때 써요.
"Gracious me!"나 "My Gracious!"
라고도 합니다.

**Well, well, well.**

어이구, 이거야 원. —————————————— 뜻밖의 장소에서 지인을 만났을 때도
써요.

**God almighty!**

맙소사!

gracious 자애로운, 품격 있는

OMG는 "Oh my god"의 줄임말입니다. 표기는 OMG라고 쓰고, 읽을 땐
"Oh my god(오 마이 갓)"이라고 읽습니다.

## 😾 Oh my god, vs, Oh my goodness,

"Oh my god"과 "Oh my goodness" 둘 다 같은 뜻으로, "하나님 맙소사"라는 의미입니다. 단, "Oh my goodness"는 훨씬 부드럽고 미화된 표현입니다. "Oh my god"은 경우에 따라서 굉장히 거칠게 들릴 수도 있어요. 그러니 친한 사이에만 쓰세요. 그리고 점잖은 분위기에서는 "Oh my goodness!"라고 쓰세요.

# Gosh!
## 어이쿠!

**Gosh! I forgot to bring my key.**

어이쿠. 열쇠를 안 갖고 왔어.

**Oh dear, what a mess!**

아니, 왜 이렇게 더럽지?

**Good heavens!**

큰일이야!

mess 지저분함

"Gosh"는 "Oh my gosh"의 축약으로, 화들짝 놀랐을 때 씁니다. "Oh my", "Oh, gosh", "Gracious!", "What a surprise!" 모두 비슷한 뜻입니다. Gosh 는 교양 있는 사람들도 많이 써요.

"Good heavens"의 경우, 원래 "하나님 도와주세요"라는 뜻으로 God을 써야 하지만 교회 밖에서 God을 남발하면 신성 모독이 될까 두려워 good 으로 바꾼 것입니다. 하나님은 하늘에 있으니까 heaven도 신을 의미해요.

## 🐾 Oh my god과 Oh my gosh의 차이

앞에서 말했듯이 "Oh my god"의 god은 신을 뜻하지요? 짜증이나 놀람 등 추임새에 쓰이는 말에 신을 들먹이면 좀 불경스러워 보일 수 있어요. 그래서 god 대신 gosh나 goodness같이 살짝 변형된 형태의 단어를 쓰는 겁니다. 변형된 단어를 쓰면 조금 더 부드러운 느낌이 되지요.

# Way to go!
## 잘한다!

### Way to go! That's the spirit!
잘한다! 바로 그거야! ————

"That's the spirit"은 직역하면 '정신이 올바르다'이지만 실제로는 "바로 그거야!"라고 해석합니다.

### Good for you!
장하다 장해! ————

잘했다고 남녀 구분 없이 말할 때 쓰는 표현입니다.

### Atta girl/boy.
잘했어요. ————

여자아이가 잘했을 때는 "Atta girl", 남자아이가 잘했을 때는 "Atta boy"라고 쓰면 됩니다.

### Well done.
잘했구나.

### Good job.
잘했구나.

운동장에서 응원을 할 때 우리는 "파이팅(화이팅)"이라고 외치는데, 영어로 'fighting'이라고 하면 원어민은 못 알아듣습니다. 그때는 위에 쓴 표현들을 적당히 써주면 된답니다. 예를 들어서 "벤, 파이팅!"이라고 말하려면 "Way to go, Ben!"이라고 말하면 됩니다.

# Golly gee whiz!
## 아싸!

Golly gee whiz!
아싸!

Gee whiz, man!
야, 놀랬잖아!

Golly, you are early!
야, 너 일찍 왔구나!

Good golly, miss Molly!
그럴 수가!

By golly! I need a drink.
와! 한잔 주세요.

'golly', 'gee', 'whiz' 모두 놀라움을 표현할 때 쓰는 단어들입니다. 세 단어가 섞여서 무슨 의미를 보여줄까요? 그냥 "아싸, 좋아!"라는 재미있는 뉘앙스로 이해하세요. 영화 속에서 이런 대사를 들으면 무릎을 탁 치시겠지요?

# Bless my soul!
## 세상에, 제발요!

**Bless my soul!**

세상에, 제발요!

**Good grief!**

어이쿠, 세상에!

**Mercy me!**

자비 좀 베풀어 주세요!

**Oh, Lord!**

오, 주여!

**Bless my soul! Here comes Bill!**

이런, 세상에! 빌이 오잖아!

**I say or bless my soul.**

허, 이것 참.

mercy 자비

"Bless my soul"은 두려움이나 공포에서 벗어나게 해달라고 애원하는 표현입니다. 또, "Mercy me"는 "신이여 자비를 베푸소서"라는 의미이지요. 좌절에서 벗어나려고 할 때 씁니다.

"Oh, Lord"는 백인들에게 핍박을 받아온 흑인들이 많이 쓰는 표현입니다. 영화 대사 속에서 발견해 보세요. 액션 영화 속에서 종종 "Jesus Christ"라는 말도 들리는데, '예수 그리스도'라는 뜻으로 해석하지는 않습니다. 무척 화가 났을 때 쓰는 표현인데, 좀 상스럽게 들릴 수 있어요.

# #22

# 배변 관련 표현하기

# I got a pee.

## 소변 마려워요.

A: **What a traffic!**

차가 많이 막히네.

B: **I got a pee. Where is the bathroom?**

소변 보고 싶어요. 화장실이 어디죠?

A: **We should go two more blocks. Do you want to take a pee?**

두 블록은 더 가야 해. 오줌 마렵니?

B: **I am bursting (for a pee).**

(오줌보가) 터질 것 같아요.


**I'm going for a pee.**

소변보러 갑니다.


**I want to take a pee.**

소변보고 싶어요.


bust 파열하다, 터지다


pee는 '오줌'이라는 뜻입니다. 좀 더 고상한 의학 용어도 있지만 일반적으로 pee를 쓴답니다.

반려견에게도 "Do you want to take a pee?"라고 쓸 수 있습니다. 그냥 간단하게는 "You got a pee?"라고 하면 돼요. 배변 관련 표현에서는 반려견 입장에서 표현 가능한 문장을 위주로 골라보았습니다. 강아지뿐만 아니라, 어린이나 성인도 같은 상황에 처할 경우 저절로 이 말이 나와요.

**더 보기** **화장실 관련 표현을 더 알아볼까요?**

- **Where is the bathroom?** 욕실이 어디죠?
  ↳ 욕실과 화장실이 함께 있어서 생긴 표현입니다.
- **Where is the toilet?** 화장실이 어디죠?
  ↳ toilet은 '변소'라는 뜻입니다. 가급적 사용하지 않는 게 좋아요.
- **Where is the lavatory?** 공중화장실은 어디 있나요?
  ↳ lavatory는 주로 '공중화장실'을 말할 때 사용합니다.
- **Where is the ladies'(men's) room?** 화장실은 어디입니까?
  ↳ 예의바른 표현입니다.
- **Where can I wash my hands?** 손은 어디서 씻을까요?
  ↳ 화장실을 묻는 점잖은 표현입니다.

# I want to do a poo!
## 나 똥 누고 싶어요!

**A:** What's up?

왜 그래?

**B:** I want to do a poo!

변이 마려워요!

**A:** Just be patient. Let me find the bathroom.

참아봐. 화장실 찾을게.

do a poo 대변 보다 ㅣ patient 인내하는

반려견이 용변할 때가 되면 견주들은 대개 눈치를 챕니다. 여기서 "너, 응가하고 싶어?"라고 할 때는 "Do you want to do a poo?"라고 말하면 됩니다. poo는 '똥'이라는 뜻입니다. dung도 같은 뜻입니다.

반려견이나 어린이가 아닌 일반인들과의 대화에서는 "Where is the bathroom?"이 가장 무난한 표현입니다. 점잖은 자리에서 '오줌', '똥'이라고 노골적으로 표현할 수는 없겠죠?

또, toilet(변소)보다는 bathroom(욕실)이 더 듣기 좋은 표현입니다.

**poo가 들어간 문장을 더 익혀볼까요?**

- It was none other than dog poo. 그건 바로 개똥이야.
- No one wants to step on dog poo. 개똥 밟고 싶은 사람이 어디 있어요?
- The dog poo ruined my new shoes. 개똥이 내 새 신발을 망쳐놨어요.

  none other than 곧바로 | step on~ ~을 밟다 | ruin 망치다, 파괴하다

## 🐾 poo 대신 점잖게 쓸 수 있는 표현들

- It bleeds when I have a stool. 배변 시 피가 나와요.
- I have no bowl movement. 배변을 못하고 있어요.

  bleed 피 흘리다 | stool 대변 | bowl movement 배변

어린이나 반려견을 대상으로 할 땐 poo를 씁니다. 하지만 어른들과 대화할 때는 조금 더 점잖은 표현이 필요한데요. 이때 stool과 bowl을 쓰세요. 주로 병원에서 의사와 상담할 때 씁니다.

#23의 설명을 들어보세요!

# #23

# 길 안내하기

# Turn left at the first traffic light.
## 첫 번째 신호등에서 좌회전하세요.

A: Where are you headed?

어디 가요?

B: I am going to the puppy cafe. Can you show me?

반려견 카페에 가요. 길 좀 알려주실래요?

A: Turn left at the trafffic light.

첫 번째 신호등에서 좌회전하세요.

I have a long drive ahead of me.

갈 길이 멀어요.

Turn to the left/right.

왼쪽으로 도세요.

head for~ ~로 향하다 ㅣ puppy cafe 애견 카페
traffic light 교통 신호등 ㅣ turn left/right 왼쪽/오른쪽으로 돌다

# I'm trying to find the way to the Lake park.

## 호수공원까지 가려고 해요.

① **A:** I'm trying to find the way to the Lake park.

 **Can you tell me how to get to the Lake park?**

 호수공원까지 가려고 해요. 호수공원 가는 길 좀 알려주실래요?

 **B: Sure. Go straight and turn right.**

 물론이죠. 직진해서 우회전하세요.

② **A: I want to go to the puppy playground.**

 반려견 운동장을 찾고 있어요.

 **B: Keep going straight and turn right up ahead.**

 계속 가다가 우회전하세요.

playground 운동장

"I'm trying to find the way to~"는 길 묻기에서 가장 중요한 표현입니다.
"가로수 길을 가려고 합니다"는 영어로 "I'm trying to find the way to
Garosoo street"라고 합니다.

# I'm afraid I'm a stranger here myself.
## 저도 잘 모릅니다.

A: Excuse me.

저기요.

B: Can you tell me where the subway line 5 is?

5호선 어디서 타나요?

A: I am afraid I am a stranger here myself.

저도 잘 모릅니다.

B: I see. you are not living here.

알겠습니다. 이곳에 사는 분이 아니시군요.

post office 우체국 | I am afraid~ ~라서 걱정이다, 유감이다

"I'm afraid I'm a stranger here myself"를 직역하면 "나는 이곳의 이방인입니다"이지만, 실제의 뜻은 "잘 모릅니다"가 됩니다.

내가 처음 가는 곳이나 지리가 익숙하지 않은 곳에서 외국인이 나에게 길을 물어보면 이 표현을 쓰세요. "이곳에서 저는 이방인이에요"라는 식으로 장황하게 해석할 필요도 없습니다. 그냥 이 문장은 "저도 잘 모릅니다"라는 뜻입니다.

또, 여기서 "I'm afraid"는 '두렵다'가 아니라 '미안하다', '유감이다'라는 뜻입니다.

# How long does it take?
## 시간이 얼마나 걸릴까요?

A: **How do I get to Jong-ro?**

종로에 가려면 어떻게 할까요?

B: **You can take the subway line 3.**

3호선 전철을 타세요.

A: **How far is it from here?**

얼마나 돼요?

B: **About 5 stations.**

5개 역이요.

A: **How long does it take?**

얼마나 걸려요?

B: **It takes about 20 minutes.**

약 20분입니다.

---

**더 보기** | **take가 포함된 표현을 더 알아볼까요?**

- **Take your time.** 서두르거라.
- **It takes 10 minutes.** 10분 정도 걸려요.
- **Take it easy.** 수고하세요.
- **Take a bath** 목욕하다.
- **Take a walk** 산책하다.

# You can't miss it.

## 잘 찾으실 겁니다./명심하세요.

A: **Where is Hong-dae?**

홍대가 어디 있나요?

B: **Go straight for 1 block and turn right.**

한 블록 똑바로 가서 우회전하세요.

A: **Is that a fact?**

그래요?

B: **Sure. You can't miss it.**

그래요. 잘 찾으실 겁니다.


원어민들이 길 안내를 하고 나서 늘 마무리에 "You can't miss it"이라고 말하는데, 이때 한국인들은 매우 당황하며 "뭘 놓치지 말라는 거지?" 하고 반문하게 됩니다. 직역하면 "놓치지 마세요"이지만 실제로는 "꼭 찾으세요"로 의역합니다.

아무튼 정리하자면 "찾기가 쉽답니다"라는 뜻입니다(여기서 다시 한번 상용어의 중요성을 강조합니다. 쉬운 단어로 구성되어 있지만 뜻은 매우 엉뚱할 때가 있기 때문이에요). "잊지 마세요", "잘 찾으실 겁니다"로 이해하세요.

## 🐾 교사들이 자주 쓰는 말

"You can't miss it"은 교실에서도 종종 들을 수 있습니다. "내일은 코로나19 때문에 온라인 수업하는 거 잊지 말아라"라고 영어로 말할 때 "Tomorrow we will have an online class because of COVID-19. You can't miss it"이라고 하는데, 이는 "빠트리면 큰일 나"라는 뜻입니다. 교사들이 숙제나 중요한 전달 사항을 얘기한 뒤 마무리 짓는 표현입니다. "명심하세요!"라고 이해하세요.

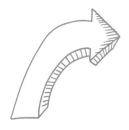

# Where are we?
## 여기가 어디지요?

A: Hello. Where to?

안녕하세요? 어디까지 가세요?

Where to~?는 Where would you like to go?를 줄인 말이에요.

B: We are going to the Lotte World.

롯데월드 갑니다.

later(잠시 후)······

B: Where are we?

여기가 어디죠?

A: We are at Jam-sil. We are almost there.

잠실인데요. 거의 다 왔어요.

해외여행 중에 택시로 목적지를 찾아간다는 것은 쉬운 일이 아닙니다. 택시 기사에게 "여기가 어디죠?"라고 말할 때는 "Where is this?"가 아니라 "Where are we?" 혹은 "Where am I?"라고 합니다.

원어민 교사가 수업을 시작하면서 "Where were we last week?"라고 하면 "지난주에 어디까지 했더라?"라고 이해하면 됩니다.

## 🐾 영화 〈로마의 휴일〉의 명대사로 알아볼까요?

영화 〈로마의 휴일〉의 한 장면을 볼까요? 여주인공 앤(오드리 햅번 분)은 어느 왕국의 공주인데, 로마에 국빈으로 방문했을 때 대사관을 탈출해서 길을 잃습니다. 그리고 우연히 만난 외국인 기자(그레고리 펙 분)의 집에서 하룻밤을 지내게 됩니다. 아침에 그곳에서 깨어난 앤이 놀란 모습으로 이렇게 말합니다.

Would you be so kind as to tell me where I am? 대단히 죄송한데 여기가 어딘가요?

초면에 실례했다고 느껴서일까요? 상당히 예의 바르게 묻고 있습니다.
마찬가지로, 이름을 물을 때에도 예의 바른 말을 사용할 수 있습니다. "이름이 뭐죠?"하고 물을 땐 "What is your name?"이라고 할 수도 있지만, 정중하게 "Would you be so kind as to tell me your name?(실례지만 성함이 어떻게 되세요?)"이라고도 할 수 있지요.

#24의 설명을 들어보세요!

# #24

# Come을 활용한 표현

# How come?
## 왜?

A: **You owe me some money.**

나한테 돈 갚아야 해.

B: **How come?**

어째서?

A: **I paid 200 dollars for the rent. You should give me 100 dollars.**

집세로 200달러 냈어. 내게 100달러 줘야지.

B: **I see.**

알았어.

owe 빚지다

"'왜?'는 Why'인데 How come?도 '왜?'라고?' 하는 의문을 품을 수도 있겠습니다. 실용 영어에서는 why 대신 how come을 자주 씁니다. 납득되지 않는 구체적인 이유를 물을 때 쓰지요.

예) **If you spent 5 years in New York, how come you don't speak English?**
뉴욕에서 5년 살았다면서 왜 영어를 못하나요?

## 😸 Why와 How come의 차이는 어순!

① **Why + 동사 + 주어**

　예) Why are you late?

② **How come + 주어 + 동사**

　예) How come you are late?

두 문장은 같은 뜻으로, "왜 늦었어요?"라고 해석합니다.

# Come on.
## 어이, 왜 그래.

A: Time to get up. Rise and shine.

일어나. 해가 중천에 떴어.

B: Mom. Can I sleep a little more?

엄마. 조금만 더 자면 안 돼요?

A: Come on, lazy bones. Get up.

자, 게으름뱅이들아. 어서 일어나.

get up 일어나다 ｜ lazy bone 게으름뱅이

Come on의 용도는 참으로 다양합니다. '등장하다', '자, 오너라', '그만해!' (이때는 매우 단호한 억양을 사용합니다)와 같은 의미를 지닌 표현으로도 쓰여요.

**더 보기** **Come on의 다양한 쓰임을 알아볼까요?**

- Come on. 이리와.
- Come on, go for it. 자, 도전해 봐.
- Go, come on, cheer up! 자, 어서 힘내자!
- Come on, don't do it. 어이, 하지 마.

# How did it come out?
### 결과가 어떻게 됐나요?

① A: I took a TOEIC test.

   토익 시험 봤어요.

   B: How did it come out?

   결과가 나왔나요?

   A: I got 900 points.

   900점 받았죠.

② A: My puppy gave a birth.

   내 반려견이 새끼를 낳았어요.

   B: How did it come out?

   결과는 어때요?

   A: She had one boy and two girls.

   수놈 한 마리에 암놈 두 마리랍니다.

   B: Atta girl!

   장하네요!

> TOEIC 공인 영어시험(Total Test of English for International Communication)
> come out 판명나다 I give a birth 출산하다 I come out 결과가 도출되다

# It will come in handy.
## 쓸모가 있을 거야.

A: I am gonna throw away this jacket.

이 재킷 버려야겠어.

B: No, don't do that. It will come in handy.

그러지 마. 나중에 쓸 데가 있겠지.

A: Really? I don't think so.

그래? 내 생각은 다른데.

> gonna going to~ ~할 것이다 | throw away 버리다
> come in handy 요긴하게(유용하게) 쓰이다

"It will come in handy"는 당장은 아니지만 '앞으로 상당히 활용 가치가 있다'는 뜻입니다. 필자의 경우, 쓸모없는 책을 버리고 나면 꼭 그 책의 필요성을 느끼게 되는데 그때마다 생각나는 표현이랍니다. 다른 문장을 더 읽어볼까요?

예) A navigation should come in handy right now.

내비게이션이 지금 있다면 딱 좋겠는데.

예) A puppy may come in handy right now.

강아지 한 마리 있으면 딱 좋을 텐데.

예) Take this water, it may come in handy. 물 가져가, 꼭 필요할 거야.

예) Here's my card. It will come in handy during your trip. 여기 카드 있어. 여행 중에 유용할 거야.

반려견과 산책을 나갈 때는 필요한 물건이 한두 개가 아닙니다. 제 경우에는 간식, 물, 캐리어, 배변 봉투 등 다양한 물건을 갖고 외출을 합니다. 이때 누군가가 "왜 이렇게 물건이 많아요?" 하고 묻는다면 저는 "All those items may come in handy(모든 물품이 전부 쓸모가 있어요)"라고 대답합니다.

# How is your business coming along?
### 요즘 어떻게 지내고 있어?

A: **Hi.**

안녕.

B: **Oh, Hi.**

오, 안녕.

A: How is your business coming along?

요즘 어떻게 지내?

B: **What do you mean?**

무슨 뜻이야?

A: **I mean, "How is it going?"**

내 말은…… "잘 지내냐?"는 뜻이야.

B: **Oh I see. I am doing well.**

아. 잘 지내고 있어.

come along 해결되다 ㅣ do well 잘 지내다

How is your business~?는 How are you?의 변형으로, 지극히 자연스런 표현입니다. 여기서는 business를 사업이라는 뜻으로만 쓸 필요는 없습니다. '인생살이'라는 뜻도 있어요.

#25의 설명을 들어보세요!

# #25

# Take의 활용법

# Take it easy.
## 진정해.

A: Why are you so upset?

왜 그렇게 화가 났어요?

B: I got a bad grade in my French exam.
I am so disappointed.

프랑스어 시험 성적이 나빠서요. 너무 실망스러워요.

A: Just take it easy. Come down.
Next time you will get better.

진정하세요. 다음에 잘하면 되죠.

> upset 화난 I grade 성적 I French exam 프랑스어 시험
> disappoint 실망하다 I take it easy 진정하다 I come down 진정하다

반려견과 산책할 때 가장 자주 쓰는 말입니다. 저도 매일 벤과 산책하며 이 말을 수없이 합니다. 벤이 흥분해서 앞으로 뛰어나가려고 할 때마다 "벤, 그만 진정 좀 해(Ben, don't hurry, take it easy)"라고 자주 말해요.

# Take care.
## 몸조심하세요/수고하세요.

A: I've come to say goodbye. Thank you for everything.

헤어질 시간입니다. 그동안 고마웠습니다.

B: Have a nice trip. Don't forget to call me.

즐거운 여행이 되세요. 몸조심하시구요.

A: Yes. Take care.

네, 수고하세요.

B: Take care. Goodbye.

잘 가요. 안녕.


헤어질 때 쓰는 인사말로, "Take care of yourself"의 줄임말입니다. yourself 대신 number one도 쓰는데, 여기서 넘버원은 물론 '자기 자신'을 뜻합니다.


**더 보기** **"수고하세요"에 가장 근접한 영어 표현은?**

"수고하세요"라고 말해야 할 때 사용할 수 있는 가장 근접한 영어 표현은 무엇일
까요? "Take care"가 단연코 압도적입니다. 남녀노소 불문하고 모든 연령대에서
폭넓게 사용할 수 있는 인사말이지요.

# Take your time.

## 천천히 하세요.

**A:** I'm sorry, I'm late. I will be there in a minute.

조금 늦을 것 같아요. 곧 도착해요.

**B:** Don't worry, take your time. I will wait.

걱정 말고 천천히 하세요. 기다릴게요.

**A:** I appreciate it.

감사합니다.

in a minute 곧 | take your time 여유 있게 하다

appreciate 감사하다

이 표현은 약속 시간에 늦은 사람이 서두르는 것처럼 보일 때 "천천히 여유 있게 하세요"라며 쓰는 말입니다.

반려견들에게 맛있는 간식을 주면 흥분해서 급히 먹으려고 합니다. 그 때, "Hey, Ben. Take your time"이라고 하면 "서두르지 마. 천천히 먹어"라는 뜻입니다. 또, "Not to hurry", "Slow down"도 이와 유사한 표현입니다.

#26의 설명을 들어보세요!

# #26

# Make의 활용법

# You made it.
### 결국 해냈구나.

So, you made it after all.

결국 해냈구나.

I'm glad you made it at the right time.

시간 맞춰 와주셔서 감사합니다.

A: Dad, I got a promotion.

아빠, 승진했어요.

B: Congratulations. At last you made it.

축하해. 결국 해냈구나.

A: Thank you so much.

감사해요.

make it 해결하다 ㅣ promotion 승진 ㅣ congratulation 축하하다

강아지가 처음 배변 패드 위에 용변(pee, poo)을 봤을 때는 칭찬을 격하게 해주어야 합니다. "You made it"은 '너는 만들었다'가 아니고 어려운 일을 해냈을 때 쓰는 칭찬 표현입니다.

## 🐾 약속 정할 때 쓰는 make it

A: Can you walk my puppy?  우리 강아지 산책시켜 줄래요?
B: Absolutely.  그럼요.
A: Can you make it at 7 o'clock tonight?  오늘 밤 7시에 가능해요?
B: Oh, sorry. I can't make it tonight. I have a date.  아, 오늘 밤은 곤란해요.
   약속이 있거든요.

walk~ ~를 산책시키다

make it을 과거형(made it)으로 쓰면 '성공했다'라는 뜻이 됩니다. 현재형으로 쓰면
약속을 정한 후 상대방의 다짐을 받아내는 표현이 됩니다. "I think I can make it"
하면 '가능하다'는 뜻이고요, "I am afraid I can't make it"이라고 하면 '불가능하다'
라는 뜻입니다.

# It makes sense.

## 이해가 가네.

① A: Ben gained 1kg.

  벤이 1킬로그램 늘었어요.

  B: It makes sense. He had snack too much.

  이해가 가네. 간식을 너무 먹었어.

  A: I agree. I'd better be careful.

  맞아요. 내가 조심해야 되죠.

② A: Can I buy you dinner?

  저녁 사줄까요?

  B: It doesn't make sense.

  말도 안 돼요.

  A: Why?

  왜요?

  B: You buy all the time. I feel guilty.

  늘 사주시잖아요. 제가 죄송하죠.

gain (체중이) 늘다 | make sense 이해가 간다 | snack 간식
agree 동의하다 | I'd better~ ~해야겠다
It doesn't make any sense 납득이 안 간다 | guilty 죄스러운

#27의 설명을 들어보세요!

# #27

# Get의 활용법

# You got it?
## 이해했나요?

A: Let me pick up the bill.

계산은 내가 할게.

B: No, I will pay tonight.

아냐 내가 낼게.

A: Today I will buy. Next time you buy. You got it?

오늘은 내가 사고 담에 네가 내. 이해했지?

B: OK, I understand.

알겠어.

get의 용법은 매우 다양합니다. 위 예문처럼 반려견과 대화하면서 "무슨 말인지 알겠니?"라고 말할 때 "Do you understand what I am talking about?"이라고 정확하게 얘기할 필요는 없습니다. "You got it?"이라고 하면 충분합니다.

"You got it"의 억양을 내리면 상대방의 제안에 흔쾌히 응하는, 동의하는 뜻인데요, 번역하자면 "좋습니다", "그렇게 하지요"가 됩니다.

# I got it.
### 알겠어요.

① A: How can I get in touch with you?

전화 어떻게 하죠?

B: You can call me 010-1234-5678.

010-1234-5678로 하세요.

A: I got it.

알겠어요.


② A: How many times do I have to walk my puppy?

하루에 몇 차례 산책을 시켜야 하나요?

A: Take your puppy for a walk three times a day.

반려견 산책은 하루 3번 시키세요.

B: I got it, I will.

네, 그렇게 할게요.


get in touch with~ ~와 전화 연락을 하다

walk puppy 강아지를 산책시키다

## 🐾 I got it과 I understand의 차이가 있나요?

네, 있습니다. 바로 뉘앙스의 차이입니다.

"I understand"는 '상대방의 말, 행동, 감정' 등에 공감할 때 씁니다. 반면, "I got it"은 상대 의견에 대한 동감 유무와 무관하게 무조건 동의할 때 씁니다. 혼란스럽죠? 우리말로는 "이해했습니다"와 "알았어요" 정도로 보면 됩니다.

친하거나 허물없는 사이에서는 "I got it"을 써요. 고급 식당보다는 햄버거 가게 등에서 자주 쓰는 말이랍니다.

# Let's get started.
## 시작합시다./가자.

① A: Are you all set for taking a walk?

산책 준비는 했니?

B: Yes. I'm ready.

네. 준비 완료요.

A: Let's get started now.

자, 가자.

② A: I can't seem to get started today.

오늘은 일을 시작 못할 것 같아.

B: Why?

왜?

A: I feel sick.

몸이 아파서.

get started 시작하다 | all set 준비되다 | take a walk 산책하다

## 🐾 Start와 Let's get started의 차이점

"시작하자"를 "Start"로 하지 않고 "Let's get started"라고 쓰는 이유는 무엇일까요? 이는 관용적인 표현이라 그렇습니다. "Start"는 밋밋하고 "Let's get started"는 생동감이 넘쳐요.

원어민의 99%는 후자를 씁니다. 이해가 안 가죠? 영어는 이렇게 종종 일정한 규칙을 따르지 않고 쓰이는 경우가 많아요. 그래서 좀 까다로운가 봐요. "Start"가 틀린 건 아니고요, 자연스럽지 않달까요.

get started에 대해 의문을 품을 수도 있지요. 문법 공부를 많이 하신 분들은 'started보다는 starting이 아닐까?' 하고 고민할 수도 있고, 심지어는 '능동어가 왜 아닐까?' 하고 고민할 수도 있습니다. get + s/th + p.p., 즉 get + 사물 + 과거분사는 '~을 ~하도록 시킨다'라는 뜻입니다.

"자, 파티합시다"는 "Let's get the party started"가 됩니다. 여기서 the party가 생략되면 "Let's get started"가 되지요. 또, 운동 경기를 시작할 때를 예로 들어봅시다. 양 팀 선수가 모였습니다. 심판의 호각소리가 들립니다. 여기서 "Let's get the game started"라고 하면 "경기가 시작되도록 시킨다", 즉 "경기가 시작된다"입니다. 따라서 "Let's get started"는 get과 started 사이에 다양한 목적어가 생략되었다고 보면 됩니다.

# Get out of here.

## 말도 안 돼.

A: **My dad bought me a new car.**

아빠가 새 차를 사주셨어.

B: **What's the brand?**

무슨 차?

A: **BMW 7 series.**

BMW 7 시리즈.

B: Get out of here! **You are only 20.**

말도 안 돼! 넌 이제 스무 살이야.


한국에서는 누군가가 황당한 얘기를 하면 "말도 안 돼", "웃기지 마"라고 하지요? 영어로는 "Get out of here"라고 합니다.

"Get out of here"를 직역하면 당연히 "꺼져"가 됩니다. 그러나 억양을 조금 달리하면 엄청난 반전이 기다립니다. 엄청나게 놀랄 만한 소식을 들었을 때 "말도 안 돼"의 뜻으로 쓰이는 것이지요. 다른 표현으로는 "Get out of the town", "Unbelievable"이 있습니다.

예) A: **I do 200 push-ups everyday.** 난 하루에 200개씩 팔굽혀펴기를 해.

B: **Get out of the town!** 웃기는 소리 하지 마.

#28의 설명을 들어보세요!

# #28

# Keep의 활용법

# You should keep that in mind.
## 명심하거라.

A: Have a good trip to New York.

뉴욕까지 즐거운 여행하렴.

B: Thank you for everything.

그동안 감사했어요.

A: Be careful when you go out at night. You should keep that in mind.

밤에 외출할 때 조심해. 명심하거라.

B: Not to worry.

걱정 마세요.

keep that in mind 명심하다

"Be careful"과 "Keep that in mind"의 차이는 무엇일까요? 바로 뉘앙스의 차이입니다. 두 표현은 "조심해"와 "명심하세요"로 각각 이해하세요. 예를 들어서 비가 오는 날에 운전 조심하라고 이야기해야 할 때 단순히 "Be careful when you drive"라고 쓸 수도 있지만, 명심하라는 표현을 덧붙여 "You should keep that in mind be careful when you drive in rainy day (비 올 때 운전 조심하는 거 명심하거라)"라고 쓸 수도 있답니다.

# Keep your shirt on.
## 열 받지 마./진정해.

A: You look angry. What's wrong?

화가 났나 본데. 왜 그래?

B: Someone told me a liar.

누가 날 보고 거짓말쟁이라는 거야.

A: Keep your shirt on.

흥분할 것 없어.

Keep your shirt on. It was just a joke.

흥분하지 마. 그냥 농담이었어.

"Keep your shirt on"은 직역하면 당연히 "옷을 벗지 마", "옷을 입고 있어"
가 됩니다. 단, 실생활에선 다양하게 쓰여요. 두 사람이 감정이 상해서 싸
움 직전까지 가면 대개 한쪽에서 재킷을 벗습니다. 그러니까 싸우겠다는
뜻인데, 이때 "Keep your shirt on"이라고 하면 "옷 입고 있어. 싸우려고 하
지 마", "흥분 가라앉히세요"가 됩니다. 다만 예를 들어 반려견이 날씨가 흐
려도 옷을 벗으려고 발버둥을 칠 때 "Keep your shirt on"이라고 말한다면,
이때는 "옷 벗지 마. 입고 있어"라는 해석도 가능합니다.

여기서 재미있는 사실 하나! "옷을 벗지 마"는 "Don't take off your shirt"
보다 "Keep your shirt on"을 써야 자연스럽습니다.

# Keep your voice down.
### 목소리 톤 좀 낮춰주세요.

**A: Excuse me.**

저기요.

**B: Yes?**

네?

**A: Do me a favour.**

부탁이 있어요.

**B: What's that?**

뭐죠?

**A: Keep your voice down. It's too noisy.**

목소리 톤 좀 낮춰 주세요. 너무 시끄럽네요.

**B: Oh, I am ever so sorry. I didn't know that.**

어이쿠, 미안해요. 제가 몰랐어요.

---

keep ~ voice down ~의 목소리를 낮추다 | favour 부탁 | noisy 시끄러운

"조용히 해"는 "Be quiet"도 있고 "Keep quiet"도 있습니다. 그러나 이런 말은 교사가 학생에게 군대에서 상급자가 부하에게 야단치며 하는 말입니다. 버스나 지하철에서 큰소리로 전화하는 사람에게 "저, 실례지만 조금 조용히 말해줄 수 있나요?"라고 하려면, "Excuse me, Would you keep your voice down?"이라고 하면 됩니다.

## 🐾 필자의 경험담

2019년 말 강남역 인근, 저는 TBN(한국교통방송)에 라디오 생방송을 하기 위해 버스를 타고 가는 중이었습니다. 뒤편이서 매우 시끄러워서 돌아보니 한 무리의 외국인들이 왁자지껄 떠들고 있었습니다. 나는 잠시 망설이다가 용기를 냈는데, 당시 대화를 재현해 보겠습니다. 무리 중 한 명을 보며 시작했습니다.

Excuse me, I was wondering……. If you could keep your voice down.
저…… 실례지만 목소리 좀 낮춰줄 수 있는지요.

그의 얼굴이 빨개지는 것을 봤는데 조금 미안했습니다. 버스 안이 갑자기 조용해졌습니다. 그리고 잠시 후 그들은 양재역에서 내렸습니다. 그때, 한 청년이 내게 다가와서 정중히 사과했습니다. "Sir, we were careless, sorry about that(우리가 너무 몰상식했어요. 미안합니다)." 도리어 내가 미안했답니다. 그들은 스웨덴에서 온 교환학생들과 그들을 만나러 온 고향 친척들이었습니다. 내가 만약 "Everybody, be quiet"라고 했다면 분위기가 어떻게 됐을까요? 영어는 한국어와 마찬가지로 정중하고 예의 바르게 써야 합니다.

#29의 설명을 들어보세요!

# #29

# Leave 동사의 활용법

# Leave me alone.

## 날 좀 내버려둬.

A: You look so sad.

슬퍼 보인다.

B: Nothing.

아니야.

A: What's the matter?

왜 그래?

B: Leave me alone.

날 그냥 내버려둬.

leave 그만두다, 떠나다 | What's the matter? 웬일이야?

반려견이 주인에게 지나치게 애정 표시를 하는 경우가 있습니다. 이때 "제발 좀 그만해. 날 좀 내버려 둬"라고 말하고 싶다면 "Leave me alone"이라고 하면 됩니다.

한편, "Leave the door open"이라고 하면 "문 열어놓으세요"가 됩니다. 또, "Leave in up to me"는 "내게 맡겨주세요"가 됩니다.

A: Sorry, I spilt the coffee. Can I clean it? 미안해요. 커피를 쏟았어요. 제가 닦을까요?

B: No, problem. Just leave it. We will take care of it. 괜찮아요. 놔두세요. 우리가 알아서 할게요.

A: Thank you so much. 감사합니다.

벤과 함께 야외 카페에 앉아 있다가 커피를 바닥에 쏟은 적이 있습니다. 주인에게 걸레를 부탁하니 "괜찮아요. 그냥 놔두세요"라고 합니다. 이때 영어로 말하려면 "Just leave it"이라고 하면 됩니다.

# Leave it on.

## 그대로 놔둬.

① A: You left the computer on.

컴퓨터를 안 껐던데?

B: No problem, leave it on. I will use it later.

괜찮아, 그대로 놔둬. 나중에 사용할 거야.

A: I thought you called it a day.

퇴근한 줄 알았어.

B: No. I have some work to do.

아니. 할 일이 남아 있어.

② A: It's time to go to bed.

잘 시간이야.

B: Good night Mom.

엄마, 안녕히 주무세요.

A: Sleep tight. Can I turn off the light?

잘 자라. 불꺼줄까?

B: No no. Leave it on.

아니에요. 그냥 놔두세요.

leave it on (전원을) 켜놓은 채로 놔두다

call it a day 퇴근하다 ㅣ sleep tight 잘 자다

여러분이 잠자리에 들려고 할 때, 어머니가 불을 켜둘지 말지 여러분에게 묻는 상황을 떠올려봅시다. 어머니가 "May I leave it on?(그냥 켜놓을까?)"이라고 물을 때, 여러분은 "Leave the lights on(그냥 놔두세요)" 혹은 "I will leave it on while I sleep(켜놓고 잘게요)"과 같이 대답할 수 있습니다.

# Can I leave a message?
### 메시지를 남겨도 될까요?

A: Can I speak to Paul?

폴 있나요?

B: Sorry. Paul is not here. Who's calling?

폴은 없어요. 누구시죠?

A: This is Lisa. Can I leave a message?

저는 리사입니다. 메시지를 남길 수 있나요?

B: Sure.

네.

Can I speak to~ ~좀 바꿔주세요 | Who's calling? 누구시죠?

leave a message 메시지를 남기다

전화를 하거나 지인을 방문했는데 상대가 부재중일 때가 있습니다. 이때 쓸 수 있는 표현입니다. "Can you leave a message?"라고 하면 "메시지 남 기시겠어요?"이고, "Can I leave a message?" 하면 "메모 좀 남겨도 될까 요?"가 됩니다. 전화를 받은 사람이 "Can I take a message?"라고 하면 "메 모 남기시겠어요?"가 됩니다.

# Take it or leave it.
## 하든지 말든지 맘대로 해.

A: What would you like to eat?

뭘 먹을 거야?

B: Well······ let me see.

글쎄······.

A: We have no time. Let me order spaghetti.
How about you?

시간이 없어. 스파게티 시킬 건데, 너는?

B: I need some time to choose.

시간이 좀 필요해.

A: Take it or leave it. Let me order spagetti and pizza.

먹든지 말든지 맘대로 해. 난 피자랑 스파게티 시킬 거야.



take it은 '받아들이다', leave it은 '포기하다'입니다. 상대방에게 좋은 제안을 해도 고마워하기는커녕 시큰둥해할 때가 있지요? 이때는 "하든지 말든지 네가 알아서 해"라고 하며 선택권을 상대에게 넘기는 수가 있습니다. 이때 쓸 수 있는 표현이 "Take it or leave it"입니다.

반려견들에게 아무리 몸에 좋은 간식을 줘도 취향에 맞지 않으면 고개를 돌리고 외면합니다. 그때는 "Take it or leave it(먹든지 말든지 맘대로 해)"이라고 말해보면 좋습니다.

벤의 나쁜 버릇 중의 하나는 간식을 좋아하고 사료를 잘 안 먹는 겁니다. 그래서 저는 전문가들이 조언하는 대로 10~15분 뒤에 사료 그릇을 치워버립니다. 물론 "Take it or leave it(먹든지 말든지 맘대로 해)"라고 하면서요.

#30의 설명을 들어보세요!

# #30

# Do 동사의 활용법

# That will do.

## 그만하면 됐어.

**That will do**, Ben. You are getting too noisy.

그만해, 벤. 지금 너무 시끄럽구나.

**That will never do**.

절대 안 돼. 못 받아들여.

**That will do**, children! No more fighting.

얘들아 그만! 이제 그만 싸워라.

**That will do much for Korean football team**.

한국 축구팀에 큰 힘이 될 겁니다.

**That will not do at all**.

전혀 효과가 없을 겁니다.

**That will do**, thank you. You may go.

이제 됐어요. 감사합니다. 가셔도 좋아요.

**This box will do fine as a table**.

이 상자는 식탁으로 충분히 쓰겠어요.

**This room will do me nicely, thank you.**

이 방이면 제게 충분합니다. 감사합니다.

"That will do"에서 do는 '하다'가 아니고 '충분하다', '그만하면 됐다'는 뜻입니다.

반려견과 산책하다 보면 예상하지 못한 일이 많이 생깁니다. 얌전한 태도를 보이다가도 다른 강아지를 만나서 케미가 맞지 않으면 돌연 사납게 짖기도 하죠. 이때, "그만해, 됐어" 하고 명령조로 얘기할 수 있습니다. 영어로는 "Stop it"이라고 해도 되지만 원어민들은 좀 더 다양한 표현을 씁니다.

물론 반려견이 이런 표현들을 금방 이해하는 것은 아닙니다. 다만 이런 상황에서 원어민들이 어떻게 반려견에게 얘기할지 상상해 보는 건 흥미로운 일이지요. 동시에, 상황 설정을 하고 온 가족이 역할 분담을 한 다음에 영어 표현을 사용해 보는 것도 좋답니다.

# Anything will do.
## 뭐든지 좋아요.

① **A:** I want to raise a puppy.

강아지 키우고 싶어요.

**B:** What kind of breed?

품종은요?

**A:** Anything will do.

어떤 종이든 좋아요.

② **A:** Are you hungry?

배고파요?

**B:** Yes. I am starving.

네. 배고파 죽겠어요.

**A:** What would you like to eat?

뭐 먹고 싶어요?

**B:** Anything will do.

뭐든 좋아요.

raise 기르다 | breed 품종 | starving 굶주리다

#31의 설명을 들어보세요!

# #31

# Have의 활용법

# Have it your way.

**좋을 대로 하세요. 부담 갖지 마세요.**

A: I am going to quit my job.

직장을 관두려고 해.

B: Why?

왜?

A: I want to study more.

공부를 더하고 싶어.

B: Can you be more specific?

구체적으로 말해봐.

A: I will go to the graduate school.

대학원에 진학할 거야.

B: I see. Have it your way. It's your life.

알았어. 좋을 대로 해. 네 인생이야.

quit 포기하다 | graduate school 대학원

Have it your way 마음대로 하다

이 표현은 상대방의 제안이나 생각에 100% 동의하는 건 아니지만 일단 존중하며 받아들인다는 뜻입니다.

# Have you had enough?
## 식사 잘 하셨어요?

A: **Thank you for the wonderful dinner.**

저녁식사 감사합니다.

B: **You are welcome. Have you had enough?**

천만에요. 식사는 잘 하셨나요?

A: **Of course. I enjoyed much.**

그럼요. 아주 잘 먹었어요.

B: **How was the food?**

맛은 괜찮아요?

A: **It was awesome.**

멋졌어요.

awesome 멋진

"맛있게 먹었느냐?"는 "Did you enjoy your meal?"을 써도 무난합니다. "맛있게 잘 먹었어요"라고 대답할 때는 "I enjoyed it very much"나 아주 멋지고 정중한 표현으로 "I'm so satisfied with the food"를 사용할 수 있습니다. "I'm full"은 친한 사이에서만 쓰는 것이 좋습니다.

덧붙여서, "아침 드셨나요?"를 "Did you eat breakfast?"라고 하는 경우가 있는데, 이때는 그렇게 하지 말고 반드시 "Did you have breakfast?"라고 하세요. "먹었느냐"와 "드셨느냐?"의 차이가 있습니다.

**더 보기** **식사가 끝난 뒤 쓰는 표현을 더 알아볼까요?**

> 재미있는 표현으로 "I am full(배부르다)"뿐만 아니라 "I am stuffed(배가 꽉 찼다)"
> 도 있는데, 두 표현 모두 친한 사이에 씁니다. 식사 뒤 소감을 묻는 가장 예의바른
> 표현으로는 "Have you had enough?"가 있습니다.

# I'm having a ball.

## 아주 재미있어요.

A: **What did you do last night?**

어젯밤에 뭐 했어요?

B: **I went to the party. I was having a ball.**

파티에 갔었어요. 너무 재미있었어요.

A: **Good for you.**

잘됐네요.

ball은 '공'이라는 뜻인데 '무도회', '댄스파티'라는 뜻도 있습니다. 특급 호텔마다 'ball room'이라는 곳이 있는데, '연회관', '무도관'이라는 뜻입니다.

have a ball은 '댄스파티를 하다', '춤을 추다'라는 뜻입니다. "I'm having a ball" 하면 "즐거운 시간을 보낸다"는 뜻입니다. 반대로 "재미있으세요?"라고 질문할 때는 "Are you having a ball?"이라고 하면 되겠죠? 이 표현은 "Are you having fun?"과 같습니다.

# I have a sweet tooth.

## 단 음식을 좋아해요.

A: Would you like to have some dessert?

디저트 드실래요?

B: Sure. I have a sweet tooth.

네. 단것을 매우 좋아해요.

A: If you don't watch it, you will get fat.

조심하지 않으면 살 쪄요.


My puppy really has a sweet tooth.

우리 강아지가 단것을 매우 좋아해요.


My puppy inherited a sweet tooth from me.

우리 강아지가 주인을 닮아서 단 걸 잘 먹어요.


This food should satisfy your sweet tooth.

단 거 좋아하면 이 음식이 입맛에 맞을 겁니다.


have a sweet tooth 단 음식을 좋아하다 ㅣ watch 주의하다 ㅣ get fat 살찌다
watch 주의를 기울이다 ㅣ inherit (신체적 특성 등을) 물려받다

sweet tooth는 '달콤한 치아'가 아니고 '단 음식을 좋아함'이라는 뜻입니다. "단 음식을 좋아해요"라고 말할 때는 "I like sweet food"라고 하지 않고 "I have a sweet tooth"라고 쓰는 것, 잊지 마세요.

#32의 설명을 들어보세요!

# #32

# Here의 활용법

# Here you go.

## 자, 여기 있어요.

① A: I can't find how to use this phone.

이 전화기 사용법을 모르겠어요.

B: What is it?

왜요?

A: Camera doesn't work.

카메라가 안 돼요.

B: Let me see……. Here you go. Now it's done.

잠깐 봅시다……. 자, 여기 있어요. 잘 됩니다.

② A: This is the first time that I've used the copy machine.

복사기는 처음 써봐요.

B: Really?

그래요?

A: Can you show me how to do it?

방법 좀 알려주실래요?

B: Just press the button. Here you go. It's done.

버튼을 누르세요. 자, 여기 있어요. 됐네요.

A: Thank you so much.

감사해요.

"Here you go"는 식당, 편의점, 세탁소, 핸드폰 가게 등에서 편하게 쓰이는 표현입니다. 특히 맥도날드 같은 패스트푸드점에서 자주 쓰인답니다. 고급 호텔 레스토랑에서는 "Here you are"라고 합니다. "Here you go"는 격의 없는 표현이지요.

상상해 볼까요? 햄버거 가게에서 주문한 음식이 나왔을 때 종업원이 "Here you go"라고 하면 '여기요' 또는 '자, 여기 있어요'라는 느낌을 줍니다. 반면에 고급 레스토랑에서 직원이 음식을 서빙하면서 "Here you are" 라고 하면 '손님, 음식 나왔습니다'라는 느낌을 주지요. 이것이 미세한 뉘앙스의 차이입니다.

# Here we go!
## 자, 시작!/이제 됐다!

① A: **Are you ready?**

   준비됐나요?

   B: **Yes. We are all set.**

   네, 완벽해요.

   A: **3, 2, 1, here we go!**

   셋, 둘, 하나, 시작! ——————————— 여기서는 어떤 일을 시작할 때 사용
   했어요.

② A: **This notebook is out of order.**

   노트북이 망가졌어요.

   B: **Turn it off and on again.**

   껐다가 다시 켜보세요.

   later(잠시 후)……

   A: **Here we go. Now it's working.**

   이제 됐네요. 작동되네요.

   all set 준비되다 | out of order 고장나다
   turn on(off) 켜다(끄다) | it's working 작동되다

"Here we go"는 "자, 갑시다"라는 뜻입니다. 문제가 해결되었을 때에도
"Here we go"라고 해요. 이때는 "이제 됐네"라는 의미로 해석합니다.

# Here you are.

## 여기 있어요.

A: Can I take an order?

주문 받을까요?

B: I want some daily soup and club sandwich.

오늘의 수프랑 클럽샌드위치요.

A: Here you are.

여기 나왔습니다.

B: Thank you so much.

감사해요.

A: Enjoy your meal.

맛있게 드세요.

daily soup 오늘의 수프

위의 대화에서 볼 수 있듯이 "Here you are"는 좀 더 격식을 갖춰서 쓰는 표현입니다. 앞에서 본 "Here you go"와는 비교되지요?

단, "Here we are"은 "목적지에 도착했다"는 뜻인데, 복습 차원에서 익혀 보아요.

## 🐾 Here you are와 There you are의 차이는?

"Here you are"는 물건 등을 건네주면서 씁니다. "There you are"는 복잡한 곳에서 지인을 발견했을 때 쓸 수 있습니다. "아, 거기 있었구나"라는 뜻이지요.

큰 식탁에서 함께 식사하며 소금 등을 건넬 때 거리가 좀 떨어져 있어도 "Here you are(여기 있어요)"를 쓰고요, 또 가까운 거리에서 친구를 발견했어도 "There you are(거기 있었네)"라고 사용합니다.

#33의 설명을 들어보세요!

# #33

# There의 활용법

# There you go again.
## 또 시작이네/또 그 얘기야.

① **A:** There you go again. I said coffee is bad for you.

저런, 또 시작이네. 커피가 몸에 나쁘다고 했지.

**B:** I know just a cup a day.

알아, 하루에 한 잔이야.

② **A:** Why don't you lose weight?

살 좀 빼시지요?

**B:** There you go again. I knew it.

또 시작이야. 나도 알고 있어.

**A:** I see. Sorry.

미안해요.

이 표현을 직역해서 "저기 네가 다시 가라"로 번역하면 안 됩니다. 실제로는 "저건 또, 또……"라고 말하며 혀라도 한 번 차는 분위기이기 때문이에요. 여기서 go는 '가다'가 아니고 '하다'로 번역해야 옳습니다.

# There goes my bus.
### 저기 우리 버스가 간다.

**There goes my bus.**
저기 우리 버스가 간다.

**There goes my puppy.**
저기 우리 강아지 지나간다.

**There goes my train.**
저기 우리 전철 가네.

**Here comes the sun.**
다시 햇살이 비치네요.

**Here comes our plane.**
우리 비행기가 들어오네요.

"There goes my bus"는 타고자 하는 버스를 놓쳤을 때 씁니다. "여기 버스가 오네?"라고 할 땐 "Here comes my bus"라고 합니다. 버스를 가진 것도 아닌데 my bus(내 버스)라고 하는 이유는 본인이 늘 타고 다니는 버스가 정해져 있기 때문입니다. 그래서 택시처럼 특별히 정해져 있는 것이 아닌 탈 것에는 "Here comes my taxi" 같은 표현은 잘 쓰지 않습니다.

# Hang in there.
## 버텨봐.

A: How are you getting along these days?

요즘 어떻게 지내고 있어?

B: I'm struggling to get over COVID-19.

코로나 19와 사투를 벌이고 있지.

A: Hang in there. It will pass away.

조금만 버텨봐. 전부 지나갈 거야.

struggle 애쓰다, 고생하다 | get over 극복하다

pass away 지나가다

"자, 다 됐어", "조금만 버텨"는 "Hang in there"라고 표현합니다. "Hang in there"는 '거기에 매달려라'가 아니라 '견뎌내라', '극복하라'라는 뜻입니다. 힘들어도 극복하고 조금만 더 참으라는 격려의 말이지요.

살다 보면 종종 영어로 "화이팅"이라고 말하고 싶은 상황이 있지요? 이때 여러 표현이 가능한데, 그중 "Hang in there"라고 쓰는 것도 좋아요.

#34의 설명을 들어보세요!

# #34

# What의 활용법

# What does it say?

### 뭐라고 쓰여 있는데?

① A: I got a letter from Tom in London.

런던의 톰에게서 편지가 왔어요.

B: What does it say?

내용이 뭔데?

A: It says they close all the shops.

상점이 전부 문을 닫았다네요.

② A: What does it say? The letters are too small.

뭐라고 쓰여 있어? 글씨가 너무 작네.

B: It says "K-pop is very popular".

케이팝이 크게 유행이래요.

신문 기사나 편지를 보고 내용이 궁금해서 묻는 말입니다. 이때는 "What does it write?"라고 쓰지 않고, "What does it say?"라고 씁니다. 답변으로 "여기에 ~라고 쓰여 있어"라고 말할 때는 It says~를 씁니다.

# What else?
## 또 없어?/그게 다야?

A: We need to buy a notebook, pencils and Post-its.

노트, 연필, 포스트잇 사야 돼요.

B: What else?

그거면 되겠어?

A: I think so.

그럼요.

**What else did he say?**

그가 별도로 한 이야기는 없어?

**I did my best. What else I can do?**

난 할 만큼 했어. 또 어쩌라고?

**What else? — What else?**

또 뭐가 있어?

"그게 다야?", "그거 말고 또 없어?"라고 말할 때는 "What else?"라고 씁니다. 또, "What else"를 두 번 반복해서 다그치는 분위기를 나타낼 수도 있습니다.

# What's it to you?
## 너랑 무슨 상관인데?

① A: **How much do you make a month?**

   너 한 달 수입이 얼마지?

   B: What's it to you?

   너랑 무슨 상관인데?

   A: **I was just curious.**

   그냥 궁금했어.

② A: **Why did you leave your wife?**

   왜 아내랑 헤어지신 거죠?

   B: What's it to you?

   그게 당신이랑 무슨 상관인데요?

   A: **I see. It's none of my business.**

   하긴, 제가 알 바는 아니지요.


직역하면 "그것이 네게 무엇인가?"이지만, 실제 회화에서는 "알 게 뭐야", "한번 붙어볼까?", "시비 거는 거야?"라는 무시무시한 말입니다. 서부극 영화를 보면 술집에서 다툼과 함께 총격전이 일기 직전에 주로 이런 표현이 나옵니다. 친구들과 시비가 붙어서 다툴 때도 서로를 밀치며 "What's it to you?"라고 하는데, 이것도 "뭐야? 한판 붙어볼까?"라는 뜻입니다.

# What's new?
## 잘 있었어?

**A:** What's new?

재미있는 일 없어?

**B:** Nothing.

없어.

**A:** How about your school?

학교생활은 어때?

**B:** Same as usual.

똑같아.

Long time no see. What's new?

오랜만이야. 잘 있었지?

What's new? What's happening?

무슨 새로운 일이라도 있나요?

What's new with you these days?

요즘 좋은 일은 없나요?


"What's new?"는 "How are you?"의 친근한 표현입니다. 이 표현을 "무엇이 새로운가?"라고 직역하면 안 되고, "잘 지냈지?"라고 해석해야 합니다.

**안부를 물을 때 쓰는 다른 표현을 알아볼까요?**

**What's up?** 잘 지냈니?

"What's up?"도 "What's new?"와 마찬가지로 가볍게 안부를 묻는 말입니다. 만일 직역을 하게 되면, 예를 들어 한강에서 만난 미국인 친구가 "What's up?"이라고 인사할 경우 "위에 뭐 있어?"라는 뜻으로 착각하고 하늘을 멀뚱히 쳐다보게 될 것입니다. 이 표현은 한마디로 "잘 지냈어?"라는 뜻인데, "What's going on?"이나 "What's happening?"과 같이 쓰입니다.

#35의 설명을 들어보세요!

# #35

# Don't의 활용법

# Don't get me wrong.

## 오해하지 마세요.

A: What do you think of my girlfriend?

내 여자친구 어떻게 생각해?

B: Well, she is good. But don't get me wrong, I think she has some bad reputation.

좋은 여자야. 그런데, 오해는 말고······. 내 생각에 평판이 별로 안 좋은 것 같아.

Don't get me wrong. He's a good man.

오해하지 마. 그는 좋은 사람이야.

I'm not a crook. Don't get me wrong.

난 나쁜 사람 아니에요. 오해 마세요.

reputation 평판 | crook 사기꾼

"오해하지 마세요"라는 말을 영작하려면 어떻게 할까요?

흔히 '오해 = misunderstand'라고 떠올립니다. 당연합니다. 실제로 "Don't misunderstand me"라고 말해도 누가 뭐라고 할 사람은 없답니다. 다만 원어민들은 이해를 못 할 것입니다. 이 표현은 원래 "Don't get me the wrong way"라고 해서, "엉뚱한 쪽으로 나를 몰고 가지 마세요"라는 뜻이기 때문입니다. the wrong way는 간단히 'wrong'이라고 줄여서 쓸 수 있습니다.

# Don't be long, dear.

## 여보, 일찍 들어와요.

Don't be long, dear.

여보, 일찍 들어와요.

**A: Where are you going?**

어디 가니?

**B: I want to go to the bathroom.**

화장실 가지.

**A: Don't be long.**

빨리 와야 돼.

**B: I won't be long. Don't worry.**

금방 올게. 걱정 마.

아침에 출근하는 남편에게 아내가 당부합니다. "오늘 아들 생일이니까 일찍 들어와요." 영어로는 "Today is our son's birthday. Don't be long, dear"라고 합니다. "일찍 들어오라"라고 말해야 할 때 "Come home early"라는 문장을 떠올릴 수 있을 텐데, 이건 생각에만 그쳤으면 좋겠습니다.

또, 반려견을 기다리게 하고 상점 안으로 들어갈 때 할 수 있는 표현도 함께 알아볼까요? 예를 들어서 "벤, 아빠 금방 올게, 기다려"라고 말할 때는

"Ben, Daddy won't be long. Just wait"라고 해주면 됩니다. 여기서 "Don't be long(일찍 와)"과 "I won't be long(금방 올게)"을 비교해서 이해하세요.

# Don't ask me.
## 난 몰라.

① **A:** Paul, do you know what does EPC mean?

폴, EPC가 무슨 뜻인지 알아?

**B:** Don't ask me.

난 잘 몰라.

② **A:** Tom, can you tell me where Jane is?

톰, 제인 어디 있는지 알아?

**B:** Don't ask me. She is your girlfriend.

몰라. 네 여자친구잖아.

Don't ask me **to choose. I will not eat.**

나 보고 고르라고 하지 좀 마. 안 먹을 거니까.

Don't ask me **about Jazz. I don't like it.**

재즈에 대해서는 묻지 마. 난 그거 싫어해.

영어 회화와 문법의 차이는 무엇일까요? 문법은 '정확하게 맞는 것'이 정답
이고 회화는 '자연스러운 것'이 정답입니다. "Don't ask me"는 직역하면
"나에게 묻지 마"입니다. 그러나 대화 속에서는 "내가 어떻게 알지?", "그런

걸 왜 내게 물어?", "난 몰라"라는 뜻으로 쓰입니다. 한마디로 답도 모르고 짜증도 난 상태에서 쓰는 표현입니다.

# Don't flatter me.
## 부끄럽게 왜 그러세요.

A: Today you look like a fashion model.

오늘 패션모델 같은데요.

B: Don't flatter me. My face is turning red.

부끄럽게 왜 그러세요. 얼굴 빨개져요.

A: No, I mean it.

아뇨, 전 진심이에요.

flatter를 '아첨하다'라고 생각하면서 "내게 아첨하지 마요"라고만 번역하면 이는 100% 오역입니다. flatter에는 '칭찬하다', '과하게 추켜세우다'라는 뜻도 있어요. 한마디로 flatter에는 지나친 칭찬의 의미가 담겨 있는 것이지요. 따라서 "Don't flatter me" 하면 "부끄럽게 왜 그러세요?", "비행기 태우지 마세요"가 됩니다. 칭찬을 들었을 때 쓸 수 있는 또 다른 답변으로는 "You make me blush(부끄럽네요)"라는 표현도 있습니다. blush는 '(얼굴이) 빨개지다'라는 뜻입니다.

**비슷한 표현을 더 알아볼까요?**

I am being flattered. 과찬이십니다.

이 문장을 '나는 지금 아첨 받는 중입니다'라고 직역하면 안 됩니다. 무조건 "지나친 과찬이세요"로 이해하시기 바랍니다. 여기서 flatter는 앞과 마찬가지로 '과하게 칭찬하다'는 뜻입니다.

🐾 **flatter는 사진과 무슨 관련이 있나요?**

• This photo flatters her. 이 사진이 그녀의 실물보다 낫다.
• This picture flatters you. 사진이 실물보다 낫네요.

flatter는 또 다른 뜻으로 해석할 수 있습니다. '사진이나 그림이 실물보다 잘 나왔다'는 의미이지요.

# Don't tell me.
## 설마 또?

A: Daddy, I ask a favour of you.

아빠, 부탁드릴 게 있어요.

B: Don't tell me you're broke.

설마 돈 떨어졌다는 얘기는 아니겠지.

A: Yes, I am. I need some allowance.

네, 그래요. 용돈이 필요해요.

Don't tell me you were late again.

설마 또 지각한 건 아니지?

Don't tell me you made a mistake.

설마 또 실수한 거 아니겠지?

allowance 용돈 | broke 돈이 없는, 파산한

상대방의 의도가 너무나 뻔히 드러나 보일 때 쓰는 말입니다. 물론 "내게 말하지 마"라고 직역하는 것도 가능합니다. 또, 상대가 실수를 남발할 때 "설마 또?"라는 뜻으로 "Don't tell me"라고 쓰기도 해요.

# Don't bite off more than you can chew.

## 욕심 부리지 마세요.

**A: I think I bit more than I could chew.**

내가 분에 넘치는 양을 했어요.

**B: What do you mean?**

무슨 뜻이야?

**A: I invested too much money for my business. I'm worried about going bankrupt.**

사업에 돈을 너무 많이 투자했어요. 부도날까 걱정돼요.

**B: Oh, no. You shouldn't have done that. Don't bite off more than you can chew.**

저런, 괜한 일을 하셨어요. 욕심 부리지 마세요.

go bankrupt 부도나다

이 책의 마지막에 반려견과 직접 관련된 문장을 다루게 되어 매우 흡족합니다. 반려견들이 종종 식탐이 많아지는 때가 있는데, 경우에 따라 배탈이 나기도 합니다. 이 표현은 "먹을 수 있을 만큼만 물어뜯어라"라는 "Bite as much as you can eat"에서 유래했습니다. 지나치게 식탐을 부리면 결국 사고가 나기 마련인데, 이것을 인간사에 비유해서 사용하기도 하지요.

『반려견과 함께하는 Family English』를 마치며 당부의 말씀을 드립니다.

## 첫째, 영어는 학습이 아니라 습득을 해야 합니다.

공부하고 학습한 것은 기억에 남지도 않고 지루할 뿐입니다. 즐겁고 재미
있게 습득하십시오. 단어 외우고 문법 공부하는 것을 무시하자는 뜻은 아
닙니다. 그것만으론 말을 자연스럽게 할 수 없습니다. 사랑하는 반려견과
산책하며 본 교재를 꼭 지참하시고 틈틈이 펼쳐보시기 바랍니다. 그리고
'아! 이런 상황에 이런 말이 있구나!'하고 이해하시면 됩니다. 당장 입 밖으
로 발음이 안 나와도 좋습니다. 일단 '이해 가능한 입력(comprehensible
input)'이 이루어지면 언젠가 말문은 터집니다. Do not try to learn English.
Just acquisite it!

## 둘째, 상용어의 용법을 숙지하십시오

이 책은 동일한 상황에서 사용할 수 있는 일반적인 쉬운 표현과 상용어를
함께 넣었습니다. 영어기 안 통하고 잘 들리지 않는 것은 '상용어를 올바로
해석'하지 못하기 때문입니다. 올바른 해석이 안 되면 결국 동문서답을 하
게 됩니다.

아침에 반려견과 인사할 때 "Good morning!(잘 잤니)"은 쉽게 나오죠?
하지만 종종 "Rise and shine!(새로운 하루가 밝았군!)"이라고 하면서 멋도 부
려보세요.

## 셋째, 네이버와 구글, 유튜브 같은 웹사이트를 잘 활용하세요

제가 상용어에 대한 해설은 최대한 수다 떨듯이 또 교실에서 강의하듯 풀어놓았습니다만, 지면 관계상 한계가 있습니다. 여러분이 직접 찾아보면서 100% 이해할 수 있도록 신경 쓰세요. 가령 제가 책에서 "Atta boy"와 "Atta girl"이 칭찬하는 말이라고 설명했어도 금방 와 닿지는 않을 겁니다. 직접 구글에서 영어로 된 해설도 읽어보고, 유튜브에서 동영상도 찾아보세요(많이 있습니다).

## 넷째, 언어 습득은 흥미 있는 내용을 입력한 결과입니다

"Language acquisition is the result of getting interesting input." 언어 습득의 대가 스티븐 크라셴(Steven Krashen)이 한 말입니다. 반려견이라는 흥미 있는 화제를 가지고 온가족이 즐겁게 영어를 익히세요(배우지 마세요. 학습은 지겹습니다).

수능 영어, 토익·토플, 공무원 시험 영어가 재미있다는 사람들은 거의 없습니다. 할 수 없이 하는 겁니다. 우리는 어릴 때 무협지를 읽고 만화를 보고 드라마나 영화 속 노래를 듣고 친구들과 어울리며 한국어를 마스터했지요. 여러분도 이제부터 팝송이나 스크린영어 같은 재미있는 소재로 즐겁게 익히는 영어를 하십시오.

## 저자 관련 SNS 계정

제가 SNS에 올리는 내용들은 대개 영어와 직간접으로 연결되어 있습니다. 틈틈이 접하시고, 댓글도 부탁드립니다. 저의 다음 저서도 기대해 주십시오.

- 유튜브 "곽영일 영어 TV"
- 네이버 블로그: https://blog.naver.com/kwaksenglish
- 페이스북: https://www.facebook.com/hanchung.kwak
- 이메일: powerenglish@hanmail.net
- 특강 문의: 010-6324-5990(곽영일영어연구원)

2022년 11월

곽영일 올림

저자 소개

곽영일

**학력**
- 고려대학교 응용언어학 박사(Ph.D.)
- 고려대학교 응용언어학 석사(M.A.)
- University Of Oklahoma(M.P.A.) 수학
- UC Berkely 경영대학원(H.A.A.S.) 연수
- Stanford 경영대학원 executive course 연수

**방송 및 강의**
- MBC-FM 영어 강사(1985~1986)
- KBS-FM 〈즐거운 팝송 영어〉 MC(1987)
- KBS-FM 〈굿모닝 팝스〉 MC(1988~1990)
- KBS-TV 1988년 서울올림픽 공식 영어 MC(1988)
- 걸프전 CNN 뉴스 동시통역(1991)
- KBS-TV 영어 강사(1992~1993)
- KBS-FM 〈골든팝스〉 DJ(1993~1997)
- MBC-TV 〈굿모닝 잉글리시〉(1994)
- SBS 〈Power-English〉(1999~2001)
- KBS 라디오 〈팝스프리덤〉 DJ(2012~2018)
- 서울디지털대학교 교양학부 겸임교수(2005~2016)
- 경희사이버대학교 교양학부 겸임교수(2015~2019)
- 고려대학교 문화콘텐츠학과 외래교수(2018~2019)
- TBN 교통방송 〈팝스하이웨이〉 DJ(2018~2021)

| **현재** | • 곽영일영어연구원 대표(2000~) |
|---|---|
| | • 단국대학교 교양학부 겸임교수(2004~) |
| | • 세종사이버대학교 국제학과 교수(2015~) |

| **수상** | • 1996년 중국 광동세계음악박람회 최우수 영어 DJ상 |
|---|---|
| | • 2014년 서울교육방송 가장 아름다운 인물들 영어교육공헌대상 |
| | • 2019년 한국방송인클럽 외국어 교육 부문 대상 |

## 반려견과 함께하는 Family English

ⓒ 곽영일, 2022

지은이 **곽영일** | 펴낸이 **김종수** | 펴낸곳 **한울엠플러스(주)**
편집책임 **신순남** | 편집 **임혜정**

초판 1쇄 인쇄 **2022년 12월 2일** | 초판 1쇄 발행 **2022년 12월 30일**

주소 **10881 경기도 파주시 광인사길 153 한울시소빌딩 3층**
전화 **031-955-0655** | 팩스 **031-955-0656** | 홈페이지 **www.hanulmplus.kr**
등록번호 **제406-2015-000143호**

Printed in Korea.
ISBN **978-89-460-8215-1 13740**

* 가격은 겉표지에 표시되어 있습니다.